2019年吉林省现代职业教育改革发展示范学校建设计划项目
（项目编号SFX201800023）

班主任教育故事

罗崟峰 毕翠玉 刘秀梅 等◎著

安徽师范大学出版社
·芜湖·

图书在版编目(CIP)数据

班主任教育故事 / 罗崟峰等著. —芜湖:安徽师范大学出版社,2019.5
ISBN 978-7-5676-3980-5

Ⅰ.①班… Ⅱ.①罗… Ⅲ.①班主任工作-文集 Ⅳ.①G451.6-53

中国版本图书馆CIP数据核字(2019)第051886号

BANZHUREN JIAOYU GUSHI

班主任教育故事

罗崟峰　毕翠玉　刘秀梅　等著

责任编辑:王一澜
装帧设计:张　玲
出版发行:安徽师范大学出版社
芜湖市九华南路189号安徽师范大学花津校区
网　　址:http://www.ahnupress.com/
发 行 部:0553-3883578　5910327　5910310(传真)
印　　刷:江苏凤凰数码印务有限公司
版　　次:2019年5月第1版
印　　次:2019年5月第1次印刷
规　　格:700 mm ×1000 mm　1/16
印　　张:11.5　　插　　页:6
字　　数:199千字
书　　号:ISBN 978-7-5676-3980-5
定　　价:42.80元

科学是呆响，

科学是感动，

科学是大爱，

科学是责任。

李清寅

2018.11.

长图雅音共建书香校园

法
爱
国
敬

划与指导

17建筑装饰2班

业教育课堂教学变革研

“长春市第一中等专业学校示范学校建设丛书”编委会

序

“春风如贵客，一到便繁华。”二〇一八年孟夏，长春市第一中等专业学校的《班主任教育故事》终于定稿。

她由春、夏、秋、冬四个篇章组成，五十六个故事，将近二十万字。她用朴实无华、真挚感人的文字，鲜明而生动地记录了坚守在职业教育一线老师的从教经历和育人感受，再现了老师们塑造灵魂的感人过程，诠释了“真爱无言、大爱无疆”的深刻内涵，凸显了“教育就是一棵树摇动一棵树，一朵云推动一朵云，一个灵魂唤醒另一个灵魂”的教育本质。

“谁将平地万堆雪，剪刻作此连天花。”是我们爱满天下的老师、辛勤耕耘的园丁，用理想、情怀、智慧和行动撰写了这一篇篇生动的故事。教育故事，这是教师生活积累的真实对话；书写故事，这是我们教师心灵中的美好回忆；分享故事，这是教师平凡生命的旅行线条；寻求真谛，这是教师心灵深处完善自我的精神领悟。这些故事灌注了老师们的全部心血，是老师们呕心沥血的结晶，我们的老师用这些故事演绎了“黑发积霜织日月，粉笔无言写春秋”的华章！

阅读这些字字珠玑、句句璞玉、真情涌动的教育故事，品味睿智犀利、视角独特、见解独到的教育感悟，无不感动于老师们的生命轨迹，无不感受着我们师生的共同成长，无不烘托着我们美好的记忆，荡涤着我们的心灵，温暖着我们的心房！

她就是一个小小的爱心之窗，透过这白璧无瑕的窗口，我们能看到平凡而又非凡的职业教育之爱，我们可以联想到许多文字之外的无私与无悔。就让我们一起享受故事的真情，收获故事的感动，演绎出更多精彩的故事人生。

春

春风化雨
润物无声

夜空中的第一颗星星

“动漫游戏”，一个随处可见“玻璃心”“草莓族”的专业，一个“每个人都只活在自己的小世界里”的专业，我“有幸”成了这个专业的学生的班主任。

开学报到时，班里面的安静让我欣喜，站到讲台上，竟没有人注意到我，他们的眼中、心中只有他们的“宝贝”——手机。就是在那一刻，我决定要和手机“争宠”。也是在那一天，我真地感受到了他们的“冷漠”。

我当即提议建立一个班级微信群，名叫“夜空”，大家匿名加入。微信群的建立，方便我发布通知，同时如果你做了值得骄傲的事情可以发在里面，我和其他老师认为你值得表扬也可以发在里面，让班上的同学们为你点赞。最先获得满赞的人，就可以将自己的名字更改为真实姓名，同时加上一颗星星，看谁能在沉寂的夜空中点亮属于自己的第一颗星星。

就这样，开学的前几天，只有我在群里面发布学校各项通知，两三个活跃的同学课间偶尔发布几张自己的靓照，但点赞的人少之又少；后来，有人将自己的动漫作品发在群里，点赞的人数多了一些；运动会时，我将同学们比赛的精彩瞬间发在群里，点赞的人更多了，但满赞并未出现。很快到了“十一”小长假，大家都归心似箭，值日生集体“逃跑”，教室肯定是一片狼藉，但在假前安全卫生检查中，我班却被点名表扬了。我把此消息转发到群里，祝大家节日快乐的同时附上了一张教室地面清洁、桌椅整齐，连卫生角的劳动工具都摆放得井井有条的照片，我写道：“孤立无援时，感谢这个娃义务的辛苦付出，请为他点赞！”他很快获得了满赞，我兴奋地说：“请修改自己的名字，点亮第一颗星星！”大家期待着，但很久没有回应。这时，我悄悄地给他发了条私信：期待你的名字，请勇敢点亮第一颗星星！过了很久，他的名字出现了，原来他是班上平时最容易被忽略的、最沉默寡言的！只有我知道，家里的意外变故使他自卑，他和姥爷相依为命，害怕别人知道家里的情况，害怕别人嘲笑他的贫穷！但这时，我仿佛看到了他脸上久违的微笑。我又给他发了一条微信：期待你成为夜空中最亮的那颗星星！我没有责怪“逃跑”的学生，但我想他们一定是真心点赞！后来，班上点亮星星的同学越来越多，但我相信所有人都会记得这夜空中的第一颗星星。

从这以后，他渐渐地活泼起来，开始有同学主动和他说话，原来他非常喜欢动漫，有很多自己的独特想法，他越来越受同学们的欢迎，他脸上的笑容也越来越多。有一天，他私信我：夜空不再孤单，只因群星陪伴！那一刻，我热泪盈眶。

现在有的孩子是“玻璃心”——一碰就碎，有的孩子是“草莓族”——外表光鲜，内心脆弱，我原本只是想用微信群拉近同学间的距离，却没有想到让这个内心自卑、沉默寡言的大男孩勇于敞开心扉。现在，他就是班上那个劳动好、学习成绩好、品德好的“三好学生”！班级的同学因微信群收获了满满的正能量！

教育，有时就是自己的一个无心之举，让我们收获意外的惊喜。我真心地为他高兴，为同学们自豪！他们也许仍喜欢沉浸在自己的手机世界里，但我相信，夜空不再孤单，只因群星陪伴！

人们都说手机的出现疏远了彼此的距离，但我想骄傲地说：它同样可以让我们拉近彼此心与心的距离，让夜空不再寂寞！

教育感悟 新媒体的出现既是挑战，也是机遇。我们可能都在苦恼班上出现了越来越多的“低头族”，思想和认知上的迷茫使他们中的有些人自我、冷漠、孤独。何不因势利导，引导他们正确认识和使用新媒体，借助手机、网络加深彼此的了解，拉近彼此的距离，敞开彼此的心扉。

作者简介 于媛，女，1988年7月出生，硕士，毕业于东北师范大学，讲师，从事班主任工作8年。

挚爱无价

在我所带的2017届动漫专业中，有这样一个“小孩子”——小卓，高高的个子，平时总是无精打采的，课上却总是频频举手：“老师，我可以迟到吗?”“老师，我饿了可以吃东西吗?”“老师，我能不值日吗?”他经常不合时宜地提一些不合常理的问题，加之他节节课都迟到，我注意他很久了。

这天，我因布置作业而拖堂，而小卓着急离开班级，和我起了冲突：我对每节课都迟到的小卓大声呵斥，小卓没有一点精神地转身离开了班级——逃课了。这次交手表面上是我取得了胜利，可是当我看到小卓没有生机的背影时，我觉得我输了。我打听到小卓在教学楼四楼有一个认识了很多年的“妹妹”，而我们班则在实训楼的四楼，所以他每节课课间雷打不动地奔波于教学楼和实训楼之间。我逐渐了解到问题的症结：小卓缺乏关注且有早恋倾向。于是，我和小卓的家长取得了联系，这才知道小卓的父亲早年去世了，而小卓的妈妈已经60多岁了。因为年龄相差大，小卓和妈妈之间有代沟，在沟通中小卓满不在乎，而妈妈的教育方式比较保守落后，再加上之前家庭富裕，现在领低保、打零工，生活很窘迫，母子关系更是紧张。我嘱咐小卓母亲要尊重小卓，尽量创造良好的家庭氛围。了解到这些情况后，我没有马上和小卓谈话，而是暗中观察他、琢磨他。慢慢地，我发现其实小卓的英语底子很好，人也聪明，对电脑很有研究，尤其是视频类软件。于是，在我每天考单词时，总让小卓代表第6小组进行英语单词对抗，小卓很在乎英语，单词背得很熟，每次都会为本组争取到积分和奖励。看到他重拾自信的笑容，我也露出了微笑。同时，我也占用他“宝贵”的下课时间“求”他帮我解决电脑问题。就这样，我和小卓的关系逐渐变得友好。我校“12・9”红歌汇演前，在我和全班同学都在为伴奏视频原音消不掉的问题发愁时，小卓大声地告诉我他有办法，并且和同学们一起熬夜解决了问题。第二天，我及时在班级给予他们表扬，全班同学都给了他热烈的、赞赏的掌声。活动中，我们班的《渴望光荣》获得了特等奖，小卓唱得特别卖力。此时我看到小卓的表情变了，经历了这些后，他渐渐融入了班级，敞开了心扉。

小卓和同学们的关系亲密了，他找到了自己的闪光点，增强了自信心，并且开始专心画画了，教学楼的“妹妹”也好像是“上个世纪”的事情了，上课也自然不会迟到了。

在我感受小卓进步的同时，我忽然想起了苏联著名教育学家马卡联科的一句话：用放大镜看学生的优点，用缩小镜看学生的缺点。在我热爱的班主任岗位上，我有爱，有热情，但我更应该用智慧因材施教，为学生打好人生底色。

教育感悟 这只是我班主任工作中的小片段，但正是这些不起眼的小片段构成了我充实而多彩的班主任生活，丰富了我管理班级、引导学生的经验，更是我实现自我价值的小小舞台。我在平凡中用爱心去对待每一名在我身边的孩子，正是这份爱心铸成了我人生轨道上最亮丽的风景线，正是这份爱心使我和我的学生在历练中走向成熟，在历练中成为知己，积极汲取经验，勇敢面对问题。我的班主任生涯会有越来越多的精彩。

作者简介 王岩，女，1983年7月出生，硕士，毕业于北华大学，讲师，从事班主任工作8年。

用心教诲

管理班级，是一项艰巨的工作。作为班主任，关心学生就应该像关心自己的子女一样，既要关心他们的生活，又要关心他们的健康，还要关心他们是否懂得学习的方法。所以，我尝尽了班主任工作的酸甜苦辣。因为我在与孩子们交往的过程中，真切地感受到了孩子们的热情与可爱；我在经历着一次次痛苦和失败的同时，也在迅速地成长。管理班级期间有欢笑、有泪水，但我最大的感受则是充实，这一点可能是没当过班主任的老师无法体会到的。

班主任每天与学生接触得最多，许许多多烦琐的小事，都需要班主任用心去分析、去处理，否则会给班级建设和孩子们的成长带来负面影响。下面我就说一件在我班主任工作中感受很深的事：在刚刚接手一个新班级时，我发现班里有个同学总是很活跃，上课无法集中注意力，对学习一点不上心；老师课堂提问，他乱答一气；家庭作业要么全留空白，要么乱写一气，错别字连篇，甚至连最简单的生字的书写也是错误百出；每次测验，成绩都只有二三十分甚至交白卷。学校的很多老师都认为，这孩子基础太差，坐不住板凳，很难集中精力而且缺乏最起码的上进心，让他学习看来是无望了。只要他遵守纪律，上课不影响别人，就行了。我听了，不觉从心底泛起一股凉意。就这样的成绩怎么毕业，怎么升学呀！只要孩子在我这里学习，我一定不能放弃他！于是我开始了围绕他的工作。首先是找家长，搞清楚他的家庭情况。孩子的妈妈来到了学校，向我哭诉了孩子从小学到初中，再到如何考入我们学校的经历。我听了孩子妈妈的哭诉，感觉这个孩子是由于被长期否定而自己放弃自己了。我的心情分外沉重，难道我们这些教育工作者能眼睁睁地看着他不能毕业？看着他无法升学？看着他过早地承受生活的重担吗？针对他的情况，我思虑再三，决定从两方面入手。

一方面，我抓住一切机会亲近他，敞开心扉，以关爱之心来触动他的心弦。有一次，他的衣服烂了，我发现后急忙借来针线给他缝上。他与班级同学因小事一言不合就约架，我苦口婆心一次又一次劝说，在我的劝说下，两人握手言和，从此成了好朋友。自此之后，我经常找他闲谈，引导他用感恩、享受的心态看待现实生活；与此同时，我组织几名同学帮助他，跟他一起玩，跟他一起做作业，让他感受到和同学在一起的快乐。

另一方面，我与任课老师统一意见，用赏识的眼光来看待他。其实，他身上的闪光点还是挺多的，开朗、活泼，能够解决电脑的一些“小毛病”，我抓住这些在班上表扬他、鼓励他。他在学习上的一点小进步，我也没有忽视。只要他能够完成老师布置的作业，我就在全班同学的面前表扬他、肯定他。渐渐地，我看见他眼中多了一些自信。在以后的学习中，我始终坚持“欣赏、夸奖、鼓励”的方法。他渐渐变得合群了，不再逃课了，愿意上学了。

教育工作给我这个班主任带来了无限的欣慰与快乐！有教育家曾经说过：“爱是教育的前提，没有爱就没有教育。”作为教师，只有热爱学生，特别是尊重、爱护、信任学生，使学生真正感到来自教师的温暖和呵护，教育才富有实效。作为一名班主任，要搞好教育工作，首先要有一颗赤诚的爱心，用爱的甘露滋润孩子们的心田，用爱心唤醒一个个纯洁的灵魂。对于那些学困生，特别是单亲家庭学困生，教师应给他们更多的爱，经常鼓励、帮助、督促他们，使他们增强自信心。那些在学习、思想、行为等方面存在一定偏差的学生，我们称之为“问题学生”。他们往往被忽视、被冷落，殊不知，学生看起来最不值得爱的时候，恰恰是学生最需要爱的时候；殊不知，错过学生的一个教育机会，没准就错过学生的一辈子。

作为一个年轻的班主任、一名普通的中专教师，在教育观念不断更新的今天，不仅有责任让学生树立信心进而达到育人的目的，更重要的是教育他们怎样做人。这正是班主任的职责所在。

教育感悟 老师的工作在人前总是那么光鲜亮丽，背后却有很多不为人知的心酸，就像只有养育了孩子才能真正体会到母亲的辛苦一样。虽然教师并不是母亲，却做着和母亲一样的事，要有着母亲般的心，去对待每一位学生。作为教师中的一员，我看着同事们每天早起与学生们一起上早自习，风雨无阻；在吃饭、休息时间与家长探讨学生的生活点滴；探望生病的学生、嘘寒问暖；默默为成绩不理想的学生补课；送学生参加高考，自己身穿红色旗袍在外焦急等待；被调皮捣蛋的学生气得痛哭流涕，但是因为他的一句“对不起”破涕为笑……我深深体会到作为教师的任重道远。我作为教师的一员，愿用爱去感化每一位学生，用心去教诲每一位学生。

作者简介 孔佳丽，女，1982年7月出生，学士，毕业于长春师范大学，讲师，从事班主任工作3年。

以宽容之心善待每一名学生

一位名人说过："一个好教师意味着什么？首先意味着他热爱孩子，感到跟孩子交往是一种乐趣，相信每个孩子都能成为一个好人，善于跟他们交朋友，关心孩子的快乐和悲伤，了解学生的心灵，时刻都不忘记自己也曾是个孩子。"

我作为职业中学的一名老班主任，对于这段话非常认同。我们在工作中只有发自内心地去关心自己的每一个学生，大爱无痕，润物细无声，才能在无处不在的教育契机中真正达到触动学生内心的境界。

我今年新接的2016级数字影像专业2班，男生多，活泼好动，一些学生是家长给填报的专业，孩子对于所学专业不甚了解，对学习缺乏兴趣。部分学生经常违反纪律，个人生活、学习习惯也很不好。其中一个男同学小明，刚开学就让我和班干部们头疼不已。他不参加军训，染发，不穿校服，上课说话、乱动，随便和老师顶嘴……"恶迹"不断，再加上做事做人的小欠缺，在同宿舍的同学中也很没有人缘，很快他就在班里成了"孤家寡人"和班干部们的"公敌"。每当他犯错的时候，我找他谈话，他总觉得自己错少，周围人的错多，不太能听进去我的话。我们之间的谈话，有娓娓而谈，有激烈争执，还有我暴怒的指责……一次次认错之后再犯错，写了保证书不到一周又继续犯错，让我很生气也很无奈，有时候甚至有放弃他的念头。我也在和他多次的交锋中，不断了解他的性格和想法。我一直在思考，对于这样的他，我应该怎样来改变他、触动他？

随着对他有了更多的了解，我也看到了一个"劣迹斑斑"，习惯自说自话，管不住自己的孩子善良的本质——他是向往变好的，他向往和同学们友好相处，也想让老师和同学们接受他。我看到了改变他的希望，并有了新的想法。通过和他的接触，我了解到他爱好文艺和体育，也很乐于助人，只是从小学到高中都缺乏老师和同学们的关注和理解，所以他才会成现在的样子。有时候，我会试着从他的角度出发想事情，每次和他谈话前，我都会提前想好谈话的方式和目的；他每次犯错误，我只是合情合理地指出他做得不对的地方。我很郑重地告诉他：“你已经快18岁，快是成年人了，你自己的一言一行都是要自己负责任的，自己管不住自己是孩子的借口，每个人都有犯错的时候，可怕的不是犯错，而是自己看不到自己的错误。老师的管理，只是希望你能在走上社会前更好地完善自己，以后少走弯路。每个人最终都要为自己的错误负责。”这也是我在班里经常说的话。

在批评、教育他的同时，我也将班级的一些工作交给他。临近运动会，各班都要报节目，于是我把运动会开场舞蹈的编排与组织的工作交给了他，并让班级干部配合他完成。接到任务之后，我看到他脸上洋溢的笑容和自信。他对我说：“放心吧，老师，我保证完成任务，绝对不给班级丢脸。”通过一周的排练，他的付出逐渐得到了同学们的认可，他也渐渐地融入了集体中，让我感受到了这个大男孩儿阳光、可爱的一面。

运动会结束了，我们班获得了“最佳才艺奖”。这个奖项的获得，与他的付出密不可分。日子一天天过去，虽然他在学习成绩上还有待提高，依然有种种小毛病，但是任课老师批评他的时候，他知道认错、不顶嘴了，迟到了知道给一个抱歉的笑，犯错的次数越来越少了，犯了错主动找我承认而不是梗着脖子只顾说自己的理由了。我看到这些觉得很高兴，这就是他的改变和进步。他在努力，并且是出于自己的意愿，不是为了别人而改变，我觉得这很重要。

反思自己，如果一味地只看这孩子的种种问题，一味地要求他只是改错，不断增加双方的矛盾，绝望之下的孩子又怎么会进步，怎么会自己主动成长？作为中职学生班主任的我们，像孩子父母一样对孩子的错误再多一些宽容，了解孩子的想法非常重要！

其实不光是中职班主任工作，不管你是什么身份，你做的是什么工作，不都是要体谅他人、大度宽容吗？

教育感悟 天空收容每一片云彩，不论其美丑，故天空广阔无比；高山收容每一块岩石，不论其大小，故高山雄伟壮观；大海收容每一朵浪花，不论其清浊，故大海浩瀚无比。作为一名教师，如果能以宽容之心去善待每一个学生，便会少一些心灵的隔膜，多一点理解，多一点信任，多一点友爱。

作者简介　曲旭东，男，1980年8月出生，学士，毕业于吉林师范大学，高级讲师，从事班主任工作12年。

因为爱，所以爱

我很幸运，因为我实现了儿时的梦想——当一名教师。更幸运的是，我担任了班主任的工作。我的班级有些特别，班级的学生是清一色的娘子军。在我的心里，她们就像早晨冉冉升起的太阳那样富有朝气；而作为班主任的我，有责任让她们发出更闪亮、更耀眼的光芒。

虽然这些孩子活泼、开朗，但她们偶尔也有调皮捣蛋的时候。我们班有这样一位女生，她叫小乔，文化课成绩非常优秀，但是她不爱上专业课，总爱和其他同学在专业课上聊天，这就扰乱了正常的课堂纪律。一开始，我在全班同学面前批评她，她当着老师和同学的面，表示一定会改正，可是在后来的文化课的课堂上，她的表现更差。我开始默默地观察她，我发现小乔很在意别人对她的评价。在一次美发课上，我看到她在捣乱，就让她回答问题，她因为没有认真听讲，所以答得驴唇不对马嘴，引起了同学们哄堂大笑。这时，我发现她的情绪有些要失控的样子。我赶快对全班同学说："我觉得小乔同学的回答不是十分正确，但是她的这种在专业上敢于尝试的精神，非常值得我们学习，我们是不是应该为小乔鼓鼓掌？"于是，大家为小乔鼓起了掌。她笑了。她坐下来之后，变得很安静。从那以后，她上课注意听讲了。她的专业课和文化课成绩都有了提高。

这件事之后，我才明白，要想成为一名合格的班主任，要注意控制自己的情绪，要保持头脑冷静，多给学生留"余地"。

从那以后，我开始试着和小乔交朋友，平时多与她沟通，在情感上多关心她。我知道，是我和同学们对她真诚的鼓励和赞美改变了她，她才一点点融入了我们这个大家庭。每一位教师应该都遇到过类似的案例，其实这些在我们眼中"调皮捣蛋"的孩子，很需要我们的关注和理解。我们自己也曾经是孩子。每一个孩子都是可爱、温暖的，虽然她们有的在学习上稍稍差了一点点，但她们可能是运动会上的健将，是劳动中的能手……谁能说她或他不是好孩子呢？又有谁是十全十美的呢？

我们身为教师，应该用一颗宽容的、仁爱的心，向学生无私地付出我们的爱，去抚慰孩子们稚嫩的心灵。学生对于老师的要求并没有多高，只要我们对她们多一点真心，多一点关心，她们就会很开心，很满足。

因为爱，所以爱。我相信，爱能改变一切，爱能让我积极地面对每一个学生，我对她们的爱能让她们变得越来越优秀。我们要学习的东西还有许多许多，但唯一不变的是我们对学生的爱！

教育感悟　我认为，要想成为一名优秀教师，最重要的是要发自内心去爱我们的学生。跟她们在一起是一种快乐，一种幸福；在生活中关心她们，让她们感到老师对她们的关心与爱护；要因材施教，针对她们的特点，给予其合适的教育，通过对她们正确、有效的引导，循序渐进地提高对她们的要求。

作者简介　刘璇，女，1985年8月出生，硕士，毕业于东北师范大学，助理讲师，从事班主任工作3年。

在学生心里点一盏灯

在任何学龄阶段的学生成长发展过程中，因为教育不当，会令学生心理上产生多种多样的矛盾，甚至会引起他们心理不适、情绪不稳定等精神、身体方面的问题。我所面对的中等职业学生，他们也会遇到不能适应校园生活，无法与同学良好地交流沟通，担心毕业后求职遇到困难，情绪上懈怠、焦虑、抑郁、紧张等诸多问题。要让学生拥有美丽的心灵、健康的人格，班主任一定要成为学生的一盏指路的明灯，引导他们的行为，照亮他们的心灵。下面，我从班主任工作的一个典型案例中，就如何做好学生的心理转化工作进行分析，谈谈自己的一些做法与思考，以促进学生更积极、健康地成长。

上课铃已响，我还没走进教室，就听见小佳的大嗓门，而且她不在自己的座位上。她看见我进来，才不紧不慢回到座位上，她的课桌上乱七八糟，堆放了很多和上课无关的东西。上课了，她心不在焉，一会儿照照镜子，一会儿望着窗外发呆。我走到她跟前说："注意听讲，好好坐着，你应该有一个好的学习态度。"她低下了头，随后的十几分钟她听得很认真，脑子反应很快，然后老毛病又犯了……她又开始照起了镜子，摆弄起了化妆品。

小佳是一个令其他任课老师都头疼的学生，性格非常活泼，上课时经常逃课去食堂；即使在课堂上上课，也不认真，头转来转去，还不时乱插嘴打断老师的讲课。你批评、教育她时，她还摆出不服气的样子，眼睛望着天花板，心不在焉，满不在乎的样子。她喜欢与顽皮的学生交往，在公共场合爱起哄。

我对她做出如下分析，首先是家庭影响。充满爱的、和谐的家庭氛围可以给孩子提供一个温暖、有安全感的心灵港湾，在这样的家庭中成长起来的孩子健康、活泼、富有朝气和进取精神。但是小佳父母在外打工，她常年由姑姑照顾。姑姑和孩子沟通少，任其自由发展。父母只给孩子每月的生活费，不太关心她的行为和生活，偶尔问起成绩，若不理想，见面时父亲就对其打骂，这种教育方式的不当，造成孩子任性、叛逆。

其次是学校影响。她上课不认真听讲，经常捣蛋插嘴，东张西望，老师对她很头疼，缺少与她的沟通，或者放任她的这种行为，或者直接批评她。她想引起老师的注意，希望得到老师的关注，但又找不到恰当的方法，造成她与老师对着干，有抵触情绪，使学校对她的思想教育落不到实处。

最后就是青春期的生理和心理影响。十六七岁的学生正处于身体迅速发育时期，这一阶段学生的心理发展正处于半成熟、半幼稚阶段。这一阶段的他们，一方面以成人自居，另一方面又受到自身经验和能力的限制，开始有意识地摆脱童年期的直率和纯真，并以怀疑和审视的态度来观察和面对周围的事物，容易冲动，行为不易预测，逆反心理比较强，所以对于父母和老师的批评和劝导往往产生抵触情绪。

家校互通形成教育合力。我认识到造成小佳心理障碍的主要原因在于家庭，因此，我与其家长加强联系，让其父母认识到家庭教育的重要性和责任感，父母应承担起教育孩子的重任，不要只顾赚钱。而且教育孩子不能简单、粗暴，努力做到和风细雨，打开她心灵的窗户，及时发现引导、处理和治疗，消除心理障碍，同时注意培养孩子的耐挫能力。我一次次地在课余时间打电话、发短信，做她父母亲的思想工作。经过多次推心置腹的交谈，他们终于接受了我的建议——母亲亲自回家照顾孩子。经过家庭与学校共同努力，小佳的心理发生了微妙的变化，开始愿意回家了。

除上面提到的家庭因素外，学校教育对小佳也有很大的影响。班主任和任课老师应关注这样的问题学生，给她更多的关心与呵护，不应该对她持冷漠的态度。孩子从初中就受到老师的冷落，造成她心理上的不平衡，那么三年后的今天，我们怎样改变她呢？我和任课老师及帮教老师商量后决心重塑她的形象，不定期找她谈话，随时发现问题就给予解决，而且让她参与学校组织的各种展示个人才能的活动。学校举办的书法比赛我们推荐她去，给她鼓励，结果她成功了，获了奖；学校举办的住宿生晚会又推荐她去表演节目，她又成功了，表演的节目非常精彩。从那以后，小佳经常找我和帮教老师谈心，她表示一定要做一个遵守纪律的好学生，而且她能主动和父母交流。有一次她问我：“老师，我还是以前的坏学生吗？”我立即就否定了。她还告诉了我任课老师对她的肯定，这让她激动不已。她让老师、家长重新认识了她，向大家展示了她的才华，当她领到红红的奖状时，她的脸上洋溢着从未有过的成功喜悦，第一次感受到了“原来我也很棒！”当她开心地抿嘴一笑，我感到我们对她的教育是成功的。

我们重视小佳的心理疏导工作，利用她乐于接受的方法讲明道理，消除她错误的认知因素，认真分析她的思想状况和心理要求，确立适合她的教育目标，准确把握她的品德发展阶段和水平，指导她重点阅读心理健康教育读本中的有关内容，缓解她的心理压力，增强她的自信心，使她的心理素质在潜移默化中得到发展。经过一年多的耐心教育，她在课堂上能静心学习了，学习成绩也明显提高了很多。现在，她已经能和老师、同学和谐相处。

总之，班主任对孩子们的教育需要爱心与耐心。我将继续探索、研究教育的有效途径和方法，面向全体学生，开发他们的潜能，增强他们的自信心，针对不同的学生，采用不同的形式开展心理沟通活动。最后，我愿和我的学生们一起分担他们成长路上的风雨，分享阳光灿烂的心情！

教育感悟 学生的心理健康教育十分重要，尤其对于中职学生来讲，这个年龄段处于人生观、价值观形成的关键时期。身为与学生每天接触时间最多的班主任，一定要把握好学生的心理成长和健康问题，为他们解惑，给他们做良好的指引，辅助他们成长。

作者简介 关天羽，女，1987年8月出生，硕士，毕业于长春工业大学，讲师，从事班主任工作6年。

爱说话的“小石头”

每个人都有自己的缺点，也有自己的优点，正是突出的优缺点让人变得独一无二。每个学生也都与众不同，教师就是要发现学生的优点，同时帮助他们改正缺点。

今年新生一入学，我便接到学校通知让我担任电子商务班的班主任。还记得我第一次和学生见面，刚走到门外就听到教室内有人在大声说话，推门一看，一个黄头发、小眼睛、厚嘴唇的学生在手舞足蹈地说着什么，他见我进来后还在小声嘀咕。“爱说话”是“小石头”给我的第一印象。

有一天数学课刚结束，任课老师就找到我说：“许老师，你们班的课堂纪律得管管了，尤其是“小石头”太爱说话。我讲课他抢着说话，我停下让他来说，他就乱说一气，太烦人了。”很多老师都对我说过同样的话，我想会不会是身边的同学喜欢和他聊天，所以他才控制不住自己呢？于是，我想到先调整一下同学们的座位，让平时比较内向、不爱说话的同学围坐在“小石头”身边，来控制他说话。可是我的对策失败了，“小石头”仍是能够找到话题说个没完，没人理他，他也能说个不停，而且还爱接着老师的话聊，气得任课教师经常让班长找我去维持纪律。

一次，我在班级传达学校安排的工作要求时，“小石头”不断地接话，不断地打断我说话，气得我不得不几次停下来维持纪律。这时，我又想起其他老师向我反映的情况，我决心治治这个刺头。我把“小石头”带到办公室，他知道我要批评他，就开始为自己辩解，我决定先做自己的工作晾一晾他。他看我不批评他，也不理他，感觉没意思，就不说话了。我一边假装工作，一边偷偷地观察他，他站在那里有点手足无措，又过了一段时间，他实在憋不住了，就来到我面前，说：“老师，你批评我吧，没人和我说话，我要憋死了。”我见他主动认错，就表扬他说：“老师认为爱说话的同学很聪明、反应快，能够表达自己的想法。老师不认为爱说话是缺点，可是说话不分场合、不分时间是不对的。"他听到我的话有点惊讶，告诉我，他也不想扰乱课堂纪律，可是就是控制不住自己，有时话脱口就出了。通过谈话，我了解到"小石头"不是应届毕业生，他初中毕业后先在社会上打工，后来觉得自己年龄小，想学点东西，就选择回到学校读书。他之前工作的时候没有人要求他工作时不能说话、要守纪律，他就养成了随意说话的习惯。因此，我决定让他来管理班级的纪律，让他承担班委工作，培养他的责任感。我告诉他，要想管好别人一定要先约束好自己，爱说话不是毛病，但是要注意时间和场合，要在恰当的时候表现自己。于是，我每天早上找报纸、文章让他为同学们读，这样既顺应了他爱说话的习惯，又能控制他上课时乱说话，让他知道什么时候该发言，什么时候要学会保持安静。

一个学期过去后，"小石头"的表达能力得到了锻炼，他也意识到自己随意聊天对班级纪律影响很大。同时，他的思想也逐渐成熟，虽然他有时候还是控制不住自己随意说话聊天，但是已经能够很大程度地保证他在课堂上不随意讲话，知道有些话在什么时候、什么地方去说。"小石头"还在不断成长，我相信他在毕业时能够成为一名优秀的学生。

教育感悟　学生的心思是纯真的，本质上并没有"好学生""坏学生"之分，有些学生只是在不经意间养成了坏习惯。而作为教师，我们的工作职责就是做好德育教育，纠正学生的坏习惯，培养学生的好习惯。我想，无论是"好学生"，还是"坏学生"，都需要老师的肯定。所以，我认为对于学生坏习惯的改变堵不如疏。

作者简介　许特，男，1982年1月出生，硕士，毕业于东北师范大学，讲师，从事班主任工作12年。

军训的考验

开学伊始，我接手了一个平面设计专业中专班的班主任工作。通过学生们交来的资料和我对他们简单的询问，我发现有个别孩子的机灵里透着不安分。他们打量着我的眼神里有胆怯、有试探、有讨好，我用很平和的微笑面对这古灵精怪的39个孩子，我凭直觉知道做他们的班主任任重道远。

我一直在思考究竟用什么样的教育方式，才能让这些正处在青春期、叛逆的、浑身有使不完的劲、亢奋的孩子安静地学好技能。这个思考过程很痛苦，有时也让我恍惚。我知道，我们身上的担子很重，不仅要传授知识，而且还得育人，后者重于前者。

军训的第一天就考验了我的紧急应变能力。出发点名时，有个学生因为不想去军训躲在教学楼里不肯出来，他打电话向我请假，无论我怎么说他就是不出来。我的第一反应是通知其家长，然后立即通知相关管理人员做好该学生的去向跟踪管理工作。随后，我随着班级到部队军训。在部队里，我和该同学及其家长保持联系，对学生做动员工作，摆事实、讲道理，这着实是对我的一次挑战。但作为班主任，我知道我不能放弃，所以我坚持动员，我的努力没有白费。第二天，学生主动带着军训的装备出现在我的面前，并向我检讨，承认了自己的错误，主动上交了手机，并表态一定好好军训，坚持到最后，以此来弥补自己犯下的错误。我对他说："人难免会犯错误，你今天和我说的这些你自己要记住，我愿意相信你，看你以后的表现，你能坚持吗？""谢谢老师相信我，给我这次机会，我一定坚持下去，这次绝不退缩。"果然，这个学生在后来的军训中从来没掉过队，在艰苦的训练中一直默默坚持。我经常给他一个赞赏的眼神和微笑，孩子看到我的认可，笑得很开心……

教育很沉重，教育很复杂，教育很艰难。教育家们研究出一套又一套理论去教导世人，但有多少人真正明白教育是一项最巨大的工程，而要完成这项工程又包含着多少失败、多少辛苦？理论总是高于实践，当所有的教师都明白教育应该如何做时，真正的实践是否都有效？是否每个教师都能学会灵活的教育方式？

一波未平，一波又起。军训的第四天，当我下了通勤班车的时候，有个学生会的孩子就跑来告诉我：“老师，你去看看吧，你班的男生都在寝室里躺着呢！他们集体罢训了！”我立即到男生寝室去看。果然，他们很整齐地躺成一排。我先简单地询问了几个本来身体就不太好的孩子，然后很严厉地要求所有孩子起立到操场集合。孩子们看到我严厉的态度，都灰溜溜地跑到了操场站好等着，每个人都耷拉着小脑袋低着头却还用小眼神不断瞄着我。我声色俱厉地教育了这群捣蛋鬼，孩子们还有些不服气，七嘴八舌地开始说教官针对他们、体罚他们，我安静地听了一会儿，让他们倒了一会儿苦水。听完他们的心里话，我摸了摸几个控诉声音最高的孩子的头，安慰他们后告诉他们我会核实情况，然后教育他们先从自己的身上找原因，告诉他们什么事都要正常面对、克服困难，军训的意义在于磨炼意志和听从指挥，然后带着他们找到教官，命令他们归队。所有的孩子像有人给他们撑腰似的，回到队伍里直溜溜地站好。我要求他们向教官道歉，孩子们照做了，我当着孩子们的面和教官说：“孩子小，从来没离开过家，想家了难免有情绪，在完成训练的情况下，能不能让他们适当歇歇？”教官点头时，我看到了捣蛋鬼们眼睛里流露出的愧疚、感谢，还有坚定……

军训圆满结束了，孩子们在军训中磨炼了心性，也懂得了服从命令。用心倾听、用行动去感化和沟通是最有效的教育方法。所以，我一直坚持用心去与学生沟通，用爱去教育学生。只要自己是出自真心地关爱学生，相信学生都能体会。

教育难，可我依然喜欢教师这一职业。因为在学生身边，我很充实，也很满足、幸福。虽然我也会有心累的时候，也会有迷惑的时候，也会有逃避一切责任的念头，但，这只是瞬间。我仍然热爱我的职业，相信自己的能力。

教育感悟 在教育过程中，不要严酷得使人憎恨，也不要温和得使人胆大妄为。如果用严酷的惩罚去教育，也许会导致和学生的感情疏远，学生甚至产生逆反心理，但又不能采用过于忍让或和风细雨的无任何警醒作用的方式，滋长学生恣意妄为的思想。感化学生是件非常困难的事，教师要如何点亮学生的希望之灯？我想，用心去感化和沟通才是最有效的教育方法。

作者简介 李丹丹，女，1978年1月出生，学士，毕业于吉林艺术学院，高级讲师，从事班主任工作6年。

最长情的告白

最长情的告白是什么？这个问题的答案是我在第一次当班主任，经过和孩子们将近一年的磨合后感悟到的，最长情的告白是陪伴。

回忆起我第一次当班主任时的情景，真的是历历在目……我当时带的是电子商务专业，没当班主任之前，就听说过这个专业的班级不好带，学生十分活跃，经常出现违纪行为。我还没跟孩子们正式见面，就开始发怵了，我希望可以把他们带好，让这个班级成为优秀的集体，但是他们愿不愿意和我共同努力，我不敢肯定。

第一次和孩子们见面，是新生报到时。在仓促的见面中，我尽力把每一个人的面孔和早已熟记于心的35个人名一一对应。在紧接着的军训中，孩子们给我起了一个外号——“哆啦A梦”，因为我的双肩包内可以随时掏出他们在任何情况下需要的任何东西。

正式开始上课了，这群电子商务专业的孩子们自认为这个专业就是天天玩电脑，上课也可以玩游戏。刚开始的专业课内容，如何掐网线，如何组装电脑机箱，他们根本不感兴趣。我向专业课老师询问他们专业课的情况，专业课老师说我班掐网线的质量和组装机箱的速度都没有2班总体情况好。我心里很着急，平时我会在没课的时候经常看看他们上课的情况，这回我直接搬了一套桌椅，在我没课的时候和他们一同上专业课，一起动手操作，像孩子们一样，将掐好的网线交给专业课老师检查，专业课老师会在全班同学面前表扬做得好的。孩子们看了便不甘示弱起来，就越做越好。孩子们经过系统的学习后，专业课老师带着他们进行组装机箱计时比赛，看谁组装机箱又快又好还不出错。我向我班成绩最快的同学发起挑战，在专业课老师的计时下和全班同学的关注下完成了组装，将自己的总成绩和大名写在黑板上。下午回班，我发现黑板上多了好些名字，他们的成绩都比我的成绩好。

经过这次和孩子们共同学习、共同进步的经历，孩子们对专业课有了前所未有的兴趣，我们之间的关系也更近了一步。在接下来的运动会等一系列活动中，孩子们的表现越来越好，受到了学校领导、老师更多的关注。

一年级下学期，学校组织校园健身操比赛，对于这群平时就不愿上课间操，体育课最愿意做的运动是坐在运动场上聊天，天稍微冷点就想往屋里钻的孩子们来说简直就是折磨，孩子们的积极性一点都不高。我觉得学校组织这次活动挺好，其他层面意义不说，就单独从锻炼学生身体方面，我就十分喜欢这个比赛，可是光我喜欢有什么用？孩子们虽然不喜欢，但是他们也不敢太怠慢全校性质的比赛，硬着头皮和体育老师学每一个动作，动作是学了，态度不好，做得好不好可想而知。我左思右想，决定请教体育老师，学习了全套动作，利用休息时间和孩子们一起训练。烈日下，我们共同练习，孩子们表现好，我就请大家吃雪糕。很快，孩子们的动作越来越整齐。比赛前，孩子们跟我说，别的班的同学特别羡慕咱们有班主任一同陪着练习，同时孩子们提出，希望我可以同他们一同上场，完成比赛。我克服了一下心理的小障碍，答应和孩子们共同上场完成比赛。5月20日下午，我收到了“520”这个告白日最美的告白，校园健身操大赛唯一的“特等奖”。

陪伴是最长情的告白，而守护是最沉默的陪伴。接下来的日子，我会默默守护，守护他们在我身边的所有日子，陪着他们一起变得自信、乐观、坚强、勇敢、勤奋。我会陪伴我的每一届学生，与他们共同进步和成长。

教育感悟　班主任工作让我成长了许多，我一路陪着我的学生们跌跌撞撞一起长大。在这四年多里，既有欢笑，也有泪水；既有收获，也有挫败。过去的四年，我既积累了教学经验，又收获了学生们的信任，我很高兴能陪着他们一起成长。

作者简介　杨惠雯，女，1990年2月出生，学士，毕业于长春师范大学，助理讲师，从事班主任工作4年。

遇见最美的你

2017年9月，我迎来了教育生涯的第一个班，在新生报到日到来之前，我做足了功课。我熟悉了每位同学的名字和寝室分配情况，认真地为每位同学摆放好桌椅并擦拭干净，甚至通过名字猜测学生的性格。在做准备工作的过程中，我越来越期待他们的到来。有期待，也有担心。我担心他们调皮，担心他们不守纪律，我该怎么办？我担心对他们太严厉，他们会有抵触情绪。

报到第一天，脸上有一道疤痕的男孩出现在我的视野中，他叫小方。他稍微有些腼腆，可通过眼神可以看出他是个倔强的孩子。入学的手续都是他爸爸帮他办理的，而他紧随其后，寸步不离。军训的那几天里，小方的爸爸总是会打电话给我，询问孩子的状况，并告诉我孩子成长在单亲家庭，跟着爸爸生活。爸爸怕他适应不了学校生活而想家，即使出差路过这里，也要过来看看小方。那时我觉得他有爸爸疼爱，也还是幸福的。

有一次上课期间，小方突然和他旁边的同学厮打在一起，经过我的阻拦双方才放开了手。他们打架的起因只是两个人开开玩笑，哪知谁都不退让。作为班主任，我在批评他们这种方式不对的同时，也解开了他们的心结，最后两个人握手言和。当我通知小方家长时，我才知道他们打架的真正原因其实是小方内心自卑，不允许别人说他的缺点。在他回寝室的路上，我再次叫住小方，就这样，我们在操场上进行了一次轻松的谈话。我们先聊聊宿舍情况，再聊聊家庭生活，没有批评，没有老师，只有一路相伴陪他聊天的姐姐。转眼间，我把他送到了寝室。谈话效果确实明显，从那天开始，小方再也不逃避值日，上课表现得也很不错。

然而，这一切的美好，在那一天中午被打破。我接到学生科的电话，被告知小方的父亲突然去世，要通知小方。我觉得有如晴天霹雳，孩子怎么能承受得住？我该如何告诉他？我来到班级，迅速找到他，我让他先给他妈妈打个电话，而他的反应出乎我的意料，他说："我不！是不是我爸让你劝我的？老师，谁劝都没用！”说完，他头也不回地大步走出去。我说：“不是，你给你妈妈打个电话，她有事要跟你说。”“老师，你知道吗？她两年都没看过我，她有事要找我？！”他抛出冷冷的话。“你先看看电话的未接来电。”我接着说。他出去拨打了那未接的来电，不一会便猛烈地推开了门，泣不成声地说：“老师，快给我开张假条，我要回家！我爸去世了！”他边哭边用拳头使劲锤自己的腿，似乎在责怪自己。我再也忍不住了，眼泪唰地就下来了，一边开假条一边叮嘱他要坚强，路上注意安全，到家告诉我。一直到晚上，他也没给我发消息，我猜他在忙，他在伤心、难过，可是我更担心他，我找遍了所有能联系到他的方式，可都是他爸爸的，而现在这唯一的可以通过电话联系上的亲人也不在了。我悄悄地给他发了条短信：“小方，到家了吗？看到消息告诉我一声，老师很担心你。”那一晚我一直在等消息。终于，我等到了他的消息：“我到家了，放心。”简短的几个字让我暂时放下了心。

回来后的他很低沉，我便组织班级里几个跟他关系比较好的同学关照他，为他做一些力所能及而又不会让他失面子的事，给他更多的关爱，不断地鼓励他，希望他能快速走出低谷。我在课间操看到他也会跟他聊聊天，开导他。他很聪明，立刻明白了我的意图，然后很镇定地说：“老师，我没事了，我已经长大了。”我就这样默默地关注着他，鼓励着他，他也慢慢恢复了原来的活泼开朗。有一天，他突然对我说：“老师，你真好。”我笑笑回了他：“谢谢你，让我遇见最美的你。”

严厉中有慈爱，严格中有关怀，这便是班主任的情怀。面对太阳底下最光辉的职业，我要把所有的光都照耀在学生们的身上。

教育感悟 每个老师都会遇到很多学生，但是每个学生遇到的老师却是有限的，我们要在学生最需要的时候借给他臂膀，帮助他去飞翔，帮助他找好方向。做一个有责任心的老师，对自己的学生负责，对自己的良心负责，对社会负责。

作者简介 张玉环，女，1989年8月出生，学士，毕业于白城师范学院，助理讲师，从事班主任工作2年。

用心管理、用情陪伴、用爱浇灌

转眼间，我已匆匆走过从教的11个年头，让我感触最深、给予我更多思考的还是最近一年带的中职商务助理班。

我之前一直在普通高中任教同时担任班主任工作，所以刚刚来到中职学校的时候，面对明显比普通高中乱的课堂、不服管教的学生，我十分不适应，连完成教学任务都觉得头痛，更不要谈当班主任了。可是，偏偏事与愿违，新学期我被安排为新生商务助理班的班主任。虽然我心里不太情愿，可是面对工作也只能全力准备、尽力完成。

新生班只有19人，比我从前带的班级人数少了一半还多，我松了一口气。

迎接新生、召开家长会、军训、填写各种表格……时间在忙碌中飞驰着，很快新生已经进入学校两个月了，这段时间我并没有遇到自己想象中的各种状况，反而同学们很快进入了角色，纪律、卫生各方面也一切正常。就在我暗自庆幸人数少、好管理时，班级还是出现了问题。

一天午休时，我班级的男同学与其他班的同学打起了架。我赶到的时候，班内已经有同学“挂彩”了。通过了解情况，事件的起因是男女同学“谈恋爱”，“前任”“现任”各种关系比较复杂，没有处理得当，再加上其他“看不顺眼”之类的原因，酿成了一次打架事件。第二天，事情居然愈演愈烈，“战争”有扩大的趋势，虽然班主任们和学生科及时扑灭了“猛窜的火苗”，可是我意识到，如果不能从根源上解决问题，类似情况极有可能再次发生。我开始反思开学2个月来自己的班级管理，我发现有两个明显问题：第一，我日常注重的大多是收缴手机、穿好校服、打扫卫生等事务性的管理，只流于表面，并没有深入学生中间，与他们深度交流，所以他们到底在想什么、存在什么问题，我并不清楚，更加谈不上能与他们交心了。第二，班级人数虽少，可是女生比例大，有13名女同学，其中有几个是单亲家庭的孩子，也有农村家庭的孩子，有的女生存在家庭教育缺失或者不到位的情况。这也造成了有的女孩子对于“谈恋爱”这件事极不慎重，三天两头地换男朋友。我虽然了解了这个情况，但是并没有重视。

意识到问题后，我决定马上行动。那天下午，我留下了班里所有的女同学。我想以大姐姐的身份了解她们，与她们交流。我和女生们围坐在一起，没有批评，没有斥责，只有倾听，听她们的故事和想法。然后，尽力引导，告诉她们我的想法和建议。那个下午，我们交流得很愉快，我也能够走入她们中间。当然，仅通过短暂的一次交流是无法改变她们多年形成的想法和习惯的。可是，那次交流之后，孩子们开始把我当成“自己人”了，很多事情都主动跟我说了，甚至有女孩子悄悄征询我的意见……我和孩子们的距离更近了。

我体会到了用心管理的重要性。

每个孩子都有自己丰富的内心世界，都有自己的闪光点，我擦亮双眼，在日常管理的同时开始注意抓住机会表扬孩子们，比如“×××今早自己交手机，不用老师催促，表现很好”，“×××最近都没说脏话了，有进步”，“×××把自己的位置收拾得井井有条、干净整洁，真好！”我抓住每个小亮点进行表扬，让他们更加自信。同学们越来越活泼，班级氛围越来越和谐，班级内经常出现欢声笑语。

“打架事件”之后，秋季趣味运动会、“12·9”红歌汇演等大型活动接踵而至。我们班级人数少、女生比例大，在这些活动中，我们班都不占优势，本以为需要费点力气去做宣传动员工作的我又一次被他们“惊到了”，同学们不仅没有消极态度，反而兴致勃勃，纷纷建言献策。我想，这当中有一次次表扬所起到的作用。毕竟是新生班，开展各种活动没有经验，虽然同学们想法很多，可是作为班主任，还是要做“总策划”和“总导演”。从策划运动会入场表演到指导同学们练习，从选择合唱歌曲到排练，从敲定活动服装和道具到表演形式，方方面面、点点滴滴，我全程参与。准备的过程虽累，但充满欢声笑语，用他们的话说就是“‘商助’女多男少，气势不倒！”所以，虽然最后两项大型活动我们班的名次都在中游，但同学们并没有怨言，班级群里同学们依旧乐呵呵地自我调侃，让我非常欣慰。

我知道，我们师生之间、生生之间已经产生了亲情一样的情感。

升入中职二年级后，同学们成长了很多，班级也像一台磨合好的机器在顺畅运转。我班多名同学进入学生会并担任重要职务，大型活动的“导演”也转由班级骨干承担了，我成了越来越省心的班主任。我的“省心”在一段异常忙碌的时间内表现得越发明显。由于参加全国职业院校技能大赛、职业院校教学能力比赛的需要，我在一个月的时间里要将所有精力投入大赛的准备工作，这期间的班级活动又非常多，像出礼仪、参加百人军训、运动会等活动都是由同学们自己主导并组织参与，班级运行良好，没出现任何特殊情况，让我十分欣喜。最终进行课堂录制的时候，全班同学和我从早7点一直录制到晚6点，没有一名同学有一句抱怨，反而从头到尾精神抖擞、积极配合，更在我出错的时候安慰、鼓励我……最后一遍录制结束时，我抱着可爱的同学们哭了。

在这一刻，我明白，这群孩子爱着我，而我也更爱他们了，我们用爱互相成就着彼此。

教育感悟 我记得刚开始上中职课时，经常抱怨生源差，上课没有成就感，等等。我当上中职生的班主任后，才知道自己有多武断和片面。每个孩子都有自己闪光的一面，可能他们的优势不体现在文化课的学习上，学习和行为习惯也不尽如人意，但这些并不影响他们有一颗向上的心，就看老师能不能发现这颗心并灌溉出果实，将所有学生放在眼睛里、放在心里，用心管理、用情陪伴、用爱浇灌。我很骄傲，我是一名中职班主任，我很荣幸能够带领一群可爱的“商助”学生走向明天！

作者简介 张瑞雪，女，1984年1月出生，学士，毕业于长春师范大学，助理讲师，从事班主任工作2年。

幸 会 一 场

我想写一个故事，写一个关于我、学生和家长的故事。就像《窗边的小豆豆》一样，学生可以看，家长可以看，我的同行也可以看。

看了很多关于教师的书，越来越觉着当老师是一种责任，当好班主任更是一门艺术。

这个故事来源于我过去两年所经历的人和事，就像J.K.罗琳的灵感来源于车窗外那个向她微笑的眼镜小巫师。多年来，我仿佛常常看到那些已经离开我的学生——他们其实离我并不远，也在向我微笑。我庆幸曾陪伴他们走过一小段路。直到有一天，我意识到随着岁月的流逝，那些一直清晰的微笑开始变得模糊，才决定抓起笔来“挽救”我的健忘。

我希望家长多思考对子女的教育问题。社会节奏越来越快，家长越来越忙，但我们仍然要停下来想想：为什么有的孩子让家长充满希望，而有的却充满失望？修身齐家的古训从来都没有过时，而如何与孩子相处也实在是门学问。

至于孩子们，看看同龄人如何面对与解决成长中的困惑，实在是有益的借鉴。你喜欢怎样的老师，也欢迎不吝赐教。

这不是个文学意义上的小说，并没有精彩的文笔，也许有些地方不够完美，也不够刺激，但是文中九成以上都是发生过的事实。

故事中的家长对于老师有着不小的敌意，这是我从一开始同她的交谈中感觉到的。故事里的主人公是一个十分叛逆的女孩子——小美，从她军训一开始的逃避中我就意识到了——她用各种借口逃避其他同学都在认真对待的军训。我担心每天迟到的她出意外，就同她妈妈沟通。可是我发现了更为严重的问题——母女关系很不好。于是，面对这个孩子的错误和毛病，我多数时候采用的是跟孩子直接沟通。

即便是这样，问题还是不期而至。在一个周一的早上，小美的妈妈拽着一头湿发的孩子来到了我的面前，她妈妈激动地问我："老师，你说这个孩子到底能不能念了，不能念我今天就领她回家再也不来了。"面对这种场景，我真的是一头雾水，我呆呆地看向孩子，发现孩子是一种不屑的态度，既没有惊慌也没有害怕，脸上还有个红红的手掌印。我似乎明白什么了，连忙说："小美妈妈，你先别激动，有什么事慢慢说。"孩子妈妈就跟我说了一下她家的情况。孩子父母离异，她跟妈妈一起生活，孩子妈妈靠经营电子设备维持生计。妈妈最近攒了一些钱准备进货，可是今天早上发现钱没了，问完才知道孩子把钱拿去花了，所以一气之下把正在洗头的孩子直接拽到学校，想要给她退学。在孩子妈妈声泪俱下地说着这些的时候，孩子冷冷地说了一句："谁让你不给我买手机了，我拿钱买手机了。"家长听到这更生气了，上前就踹了孩子一脚，我连忙把孩子拽到了身后，我感觉当下她们母女俩在一起是怎么也解决不了问题的，于是我说："小美你先回班级，一会儿老师再找你。"孩子走后，我就问孩子妈妈："孩子脸上的手印是你打的吧？"她妈妈说："是！老师，这孩子没救了，一天净撒谎。从初中到现在我跟她老生气了，我可不想管她了，以后她爱咋咋地吧。"我说："小美妈妈，别说气话，现在孩子有问题，我们积极解决，孩子还小，我们得给她改正的机会。"缓了一会儿，我又说："你跟孩子在沟通上有问题，一定要找到良好的沟通方式，才能解决问题。"她妈妈说："我一个人带她，又得挣钱又得管她，哪有时间跟她沟通？再说她也不听我的。"我跟她说："孩子的这个年龄正好处在青春叛逆期，作为家长应该给予一定的理解，跟孩子一起做好这个时期孩子的思想工作，否则会一直影响孩子的。今天发生的事就是一个例子，以后不要再打骂孩子了，这样肯定解决不了问题，还会增加孩子对你的敌意。"孩子妈妈也一再解释，不是经常打骂孩子，关于孩子拿钱买手机的事她也说，之前是答应孩子上中专后给她买个手机，可是去买手机的时候孩子要买的太贵了，一气之下就没给她买。我说："今天先这样，以后不要动不动就说不让孩子上学之类的话，太伤孩子了。"

送走了小美妈妈，我把孩子叫到了办公室，还没等我说话，孩子就急切地说："老师你别理我妈，她有病。"我微微笑了一下，问她："你妈打你了？"她不吱声。我又接着说："因为你拿了她的钱？"她还是不语。我又接着说："那你知道那笔钱是干什么用的吗？"她摇头说："不想知道，谁让她不给我买手机了，之前说好了，我上学后她就给我买手机，现在又不买了，说话不算话。”我又接着问：“那你知道为什么不给你买吗？”她说：“嫌贵，可是其他同学都用。”我问她：“你知道妈妈为了给你买手机，得攒多长时间的钱吗？”她不吱声。我告诉她，她拿的那笔钱是妈妈进货的钱，进货是为了挣钱给她买手机。听完这些，小美不说话低下了头，我感觉到孩子已经认识到了错误，可是依她的性格肯定不会承认错误的，我接着说：“老师今天给你留个任务，用一张纸写下妈妈每天为你做的事，同时写上你为妈妈做的事，明天给我。”

第二天，孩子给了我一张纸，左边写了“做早饭、给午饭钱、做晚饭、洗衣服”，右边什么也没写。显而易见，左边是妈妈为她做的，右边是她为妈妈做的，我在右边写下了两个字：生气。孩子看完笑了，她说：“老师你真逗。”我也笑了，说：“逗是逗，但确是事实。”接下来，我在很轻松的气氛里跟她说了她妈妈带着她生活是多么不容易，她也跟我说了很多她们生活中的小事情……

接下来的两年里，我会经常接到她妈妈对她控诉的电话，了解她们母女鸡飞狗跳的日常生活，比如，“老师你告诉小美，我俩谁是妈……”；也会经常看见小美因为她妈妈的行为抓狂，我在她们之间不停地调解着，我仿佛成了她们生活中的一员。直到毕业前，她妈妈找到了我激动地说：“老师，我真得谢谢你，小美经过这两年变得懂事多了，也知道心疼我了。尤其是前一阵自己找到了工作，我也不用再为她提心吊胆了。”

听到这些话，我真开心，虽然我做的都是本职工作，可是它们却像春风化雨一般地滋润着我的每一个学生的心田，看见他们有成绩就是我最大的收获，我用我最温暖的等待、最长久的坚持陪伴着他们，感觉我自己就像一个麦田的守望者一样，守住希望，不忘初心。

教育感悟 当我将小美送出校门时，我想起我们在一起的三年学校生活，回想起我在她和她妈妈之间调解的一件件事情，忽然明白成长就是靠这一件件看似荒诞的小麻烦成就的。我们只有不厌其烦地善待这些麻烦，才能够真正见证成长的喜悦。

作者简介 赵宗辉，女，1976年2月出生，学士，毕业于东北师范大学，高级讲师，从事班主任工作18年。

用信任关怀班级的领袖

每位班主任接手一个新班级时，首要任务就是班级干部的挑选和培养。班级干部的选择是一门艺术，每个班级都需要一个“灵魂人物”，这个人就是班长。班长是班级的核心人物，这个人物一定是正面的、谦虚的、能够传递正能量的。

我去年开始接手2016级平面设计的高职班，跟以往带的中专班比较起来，学生们的成绩在一定程度上较好。我接手后第二天，学生们就开始了部队的封闭式军训生活。在军训中，我几乎时刻跟孩子们在一起，目的有两个：一个是如果孩子们出现问题我能及时发现并且解决，还有一个重要的目的就是我要通过认真的观察来选出班级干部。多年的班主任经历告诉我，选出合适的班级干部是管理好班级工作最重要的一部分，尤其是在班长选择上。一般来说，很多班主任在选班长时，都会从两个方面考虑：第一是选一个自己能干的，第二是选一个在班级中有震慑力的。第一种方式选出的班长在班级管理中往往不能带动大多数的学生，都是自己干得多，在同学中没有威信，班长自己也会有很多怨言。第二种方式选出的班长往往会形成“一言堂”，并不能让其他同学信服，跟同学的矛盾和问题也很多。我选班长有三条原则：第一，做人格局要大，不可以小气、计较；第二，遇见问题敢于质疑，敢于说话；第三，做事一定要认真，有一个好的态度。通过在军训中的观察，我在班级中选出了班长小齐，她最打动我的不是她的成绩，也不是她表现得非常好，而是她在军训中表现出的坚持的精神和做事认真的韧性，并且她在其他同学出现问题时敢于直言。

军训结束后回到学校，开始了日常管理的工作后，我逐渐发现了班长小齐身上的问题和毛病。

第一，小齐在学习上不够主动，尤其是在文化课的学习上。第二，小齐在值日和扫除时不积极，有拖拉、散漫、偷懒的习惯。对于学生的问题和毛病，我做好了充分的心理准备，我认为学生在这个时期是多变的，可塑性是很强的，我决定先从客观上帮助小齐。我相继选出了两个生活委员，这两个孩子干活绝对是好榜样，我这么做的目的就是想协助班长把班级的值日、扫除工作做好，但恰恰是在这个选择上出了问题，一个叫小冰的生活委员跟班长在班级管理中形成了水火不容的局势。班长管纪律管到生活委员，生活委员不听。生活委员管班长值日、扫除，班长也不听。小冰也多次跑到我这告状、发牢骚，但是小齐一次也没到我这来，就冲这点我坚定了自己最初的选择。于是，一次放学后我把两个生活委员都找到了我的办公室，来沟通班级值日和扫除的管理工作，小冰果然又发一顿牢骚，说班长怎么怎么不好。我静静地听她说完，认真地问了一句："小齐这样你们觉着她是故意的呢，还是她根本不会干？"另一个生活委员小宏很坦诚地说："老师我觉得吧，她是真不会干活。"我就对小冰说："她如果不会干活，你发这么多牢骚有意义吗？"小冰低头不语了。我继续说："其实小齐做值日扫除不好，你们不说我也都看在眼里，我私下里跟她家长沟通过了，她在家是什么活都不干。我也跟她妈妈说了一定要让她锻炼做家务，但是你们得帮助她，指导她怎么能把活干好。"看她俩低头不作声，我又继续说："小冰，听说你上课总说话，班长管你，你非但不听还当面顶撞，引得其他同学看热闹，是吗？"小冰没回答，只是狡辩说："谁让我管她的时候她不听了，我也让她感受一下。"我就说了一句话："己所不欲，勿施于人。你回去好好想一下。我选你们做班级干部可不是让你们互相拆台的，我希望你们能够互相帮助，把班级管理得更好。关于你们跟小齐的问题，我觉得你们身上都有很大的问题，我希望你们都好好反省一下，然后主动找小齐沟通。"

过了几天，班长小齐主动找到了我，告诉我两个生活委员找到了她，她们一起就前一段时间她们身上的问题以及班级管理中的问题做了一次愉快的沟通，她也深深认识到了自己身上的问题，也很坦诚地对我说，在初中由于学习成绩一般，根本没有机会做班级干部，所以很多事情都不会做，她自己肯定会努力的，有什么问题也一定找其他班干部多沟通。我也肯定了她的态度，也很明确地告诉她我为什么选她做班长，也告诉她我相信她一定能做得很好。

同学之间尤其是班级干部之间有时候会相互嫉妒和不服气，只要班主任做好引导工作，就会形成一种向上的力量，就能够把班干部培养好。班主任在选择班级干部时，一定要引导他们做好各方面的工作，树立正确的价值观，这样才能带动好班级，形成好的班级风气。

教育感悟 班干部能够和谐相处，并且有条不紊地把班级的工作做好，这个班级就一定会是一个积极向上、团结共进的集体。作为班主任，我们应该相信班级的每个孩子都是一颗种子，只是每个人的花期不同，有的花起初就灿烂绽放，有的花则需要漫长的等待。我们不能因为那颗种子还没有开花，就急于否定，他可能是一棵参天大树，相信你的选择，努力培养好班级的领袖。

作者简介 赵宗辉，女，1976年2月出生，学士，毕业于东北师范大学，高级讲师，从事班主任工作18年。

当青春启航，我愿做你的那个支点

阿基米德说，给我一个支点，我就能撬起整个地球。对于班主任而言，这个支点就是关爱、唤醒和渗透；对于学生来说，这个支点就是实践、感悟和养成。

回首18年的班主任经历，时光的脚步真是很匆匆，匆匆到我都来不及整理完自己的故事。可是每每看到毕业照片，曾经的点点滴滴却又无比清晰地涌入脑海。

他是一个外表太像“好学生”的问题孩子，初中毕业于名校，这让我对他的期望值很高，可是接下来一连串的事情却让我对他产生了大大的疑惑。

军训的第二天一大早，他跑到我的寝室门口来请假，我定睛一看，吓了一跳，他的右眼又红又肿，我连忙问：“怎么成这样了？”他只说，自己也不知道，早上起来就这样了，然后弱弱地问我：“老师我能不军训了吗？”我想都没想就说：“你赶紧回寝室休息，一会儿我带校医去看你。”接下来我去班级的早操队伍中点名、发饮用水、询问同学们晚上休息的情况。当我走到男生队伍中的时候，一个男生悄悄把我拉到旁边说：“老师，你知道晓宏的眼睛为什么红了吗？”我摇摇头。他继续说：“他为了逃避军训自己使劲揉的。”我不动声色地说：“不可能，他可能是有眼疾了，我一会儿带他去校医那看看。”那个男生撇撇嘴说：“您还不信？”同学们进入军训方队后，我首先给晓宏的妈妈打了个电话，询问晓宏是否有眼疾的病史，他妈妈很肯定地说，他的身体很好，参加军训没有任何问题，也没有任何病史。听到这些话，我就好像吃了一颗定心丸。我带着疑惑走到晓宏的寝室。到晓宏寝室门口时，我悄悄停住了，贴着门仔细听里面的动静。隐隐地听见有手机游戏的声音，我轻轻推开了门，只见他躺在床上正在玩手机。晓宏见我进来慌忙将手机藏在枕头下面，我也没急着拆穿他，只是轻声地说：“我带你去校医那检查一下眼睛。”他乖乖地穿好鞋跟着我走了出去。到了校医那，校医仔细地检查了他的眼睛，肯定他没有任何眼疾，可能就是晚上没有休息好，给他滴了点抗疲劳的眼药水。我又建议用纱布把他的右眼先挡上。处理完后，我带着他去男生的方队那，我认真地跟全班同学宣布："晓宏同学的眼睛发炎了，经过校医的治疗后，晓宏同学强烈要求回到方队中训练，大家给他点掌声鼓励一下。"于是，方队中响起了热烈的掌声，晓宏不好意思地低下了头。他回到方队后，教官见到他眼睛上有纱布，就找到我，说想让他休息，被我婉言拒绝了。到了下午训练的时候，我看见他已经偷偷把眼睛上的纱布摘掉了，我走到他跟前，小声问："眼睛好了？"他会意地笑了一下，大声说："老师，已经好了。"这是我俩的第一次"亮剑"。

回到课堂开始正常的教学后，他让我头疼的事情逐渐增多，比如上课偷偷玩手机，作业不按时完成，做事情总是拖拉，课堂上接老师的话。在第一次的期中考试中，他的成绩一塌糊涂。我发成绩单时，特意用眼睛瞟了他，只见他像一只泄了气的皮球一样，呆呆地看着成绩单。放学后，我把他留在了教室，认真地问他："看了成绩单有什么感想？"他有气无力地说："老师，我凉凉了。"我继续说："什么原因造成的？"他幽幽地说："基础差呗。"我反问他："真的吗？"他诧异地看着我，似乎不明白我说的是什么意思。我继续说："上课玩手机，不认真听课，不按时完成老师布置的作业，做事情总是拖拉。"他吃惊地看着我。我反问道："怎么？我说错了？"他不情愿地低下了头。我又说："我们今天抛开成绩不谈，跟我说说你的理想是什么？"他摇摇头："没想过。""跟你初中的同学有联系吗？"他淡淡地说："有的有，有的没有。""他们都做什么呢？""在高中学习。""他们有理想吗？"他若有所思地说："好像都是想考哪个大学。"停了一会儿我说："这就是你跟别人的差距，现在不想好，将来差距就会更大。"他自言自语地说："我还是第一次想这个问题。"那一次的谈话我没有深入下去，我希望给他自己留下一点回味和发酵的空间。

后来，我就会以身边发生的一些特别能引起他们注意的事为切入点跟同学们聊天，分析其中的利弊，让大家都谈谈，如果是你，你会怎么做，将来你要做什么样的人，要做什么样的事，我相信无处无时不为课堂。作为班主任，我有责任培养他们正确的人生观、朴素的价值观，让他们都有自己的理想和信念。

在这以后，每当我给学生们送“心灵鸡汤”的时候，我都能发现晓宏两眼亮亮地看着我，我发现他身上的毛病也在不断地减少，有时候他还会主动来找我汇报他近期的思想动态。见到他日益成长，我的内心是欢喜的，亲其师才能信其道，他已经开始将我的那些说道内化了。

虽然他依旧没有变成很多人眼中优秀的人，但是我看到了一个积极改变自己的人做的努力和坚持。很多人眼中冥顽不灵的孩子们，只要我们能够找到那根触动他神经的弦，就一定会震颤他想要改变的内心。

教育感悟 在日常的班级管理中，我用关爱的方式唤醒学生们冬眠的青春活力，希望看见他们从内心养成自律、自信、自强、踏实做人的态度。我希望我的学生们都能明白，当他们的青春开始扬帆远航，我会默默做支起他们航行的那个支点。

作者简介 赵宗辉，女，1976年2月出生，学士，毕业于东北师范大学，高级讲师，从事班主任工作18年。

以心换心，惊喜无限

时间过得真快，转眼间我的又一届学生们开始实习了。到了送走他们的时候，我心里无比高兴——这帮“混世小魔王”终于走了，我终于可以轻松了。可是真送走他们之后，我的心里却一下子失落了起来。几天后，有个孩子给我打了电话，他的一句“老师我想你了”，让我的眼泪瞬间滴落下来……从孩子们入学到实习，这期间发生的事，仿佛就在昨天。

他叫小然，是个阳光、帅气的男生。我认识他是从一件小事开始的。入学的第一天，学校准备带领学生去军训基地。我本想着早点到校，给孩子们开班级的门，可是当我走到班级门口时，班级里已经坐满了学生。他们是怎么进来的呢？我一问，小然站起来告诉我：“老师，是我跳窗进来开门的。”当时我就想：怎么开学第一天就遇到这么个问题？第一天上学就敢跳窗进教室，虽然不是什么大的原则问题，可是如果这次就放过他们，不予追究，他们以后还说不定会做出什么更出格的事来，一定要严肃处理！可是马上就要出发去军训了，而且军训期间学生的日程安排得非常紧凑，所以我就一直没有着手解决这件事。但是我记住了这个孩子，在接下来军训中，我留心观察着他——他的状态很好，整个军训期间都没有犯过错误。于是我想，跳窗事件可能只是偶然事件，而且跳窗也是为了其他同学都能进来，虽然有错，但出发点是好的，就先记下这一笔暂不追究。

在随后的学习生活中，有一次我发现他旷课了。我把他叫到办公室问他原因，他心不在焉，随便编了个理由搪塞我。我非常生气，严厉地批评了他一顿，迫于我强大的压力，他妥协了并且保证绝对下不为例。我本以为他会改正，可没想到这仅仅是个开始。

三天之后，他又趁我去其他班上课的时候旷课，然后又是一顿批评教育……接下来的一段时间里，如此反复了几次，我觉得简单的批评教育已解决不了问题，得找到他不想上学的根本原因。

要想找到问题的症结所在，首先不能老是以教师的身份去说教，可从其他的方面去跟他交流，慢慢地让他认可你，让他从内心得到安全感，他才会对你敞开心扉。于是，我试着改变谈话策略，先是认真观察他在班级里的言行举止，了解他的脾气、秉性和爱好，和他谈话时从一些无关的小事入手，慢慢深入，渐渐地，他聊到了他的爱好、他的家庭……

一段时间之后的一次谈话中，他突然落下了眼泪，说："老师，你怎么对我这么好，这么关注我？"他随后打开了话匣子：他是个单亲家庭的孩子，本来刚上初中时他的学习成绩不错，可是家庭的变故、青春期的叛逆，加上课业的压力等，让这个处在关键时期的孩子变得内向。他的学习成绩开始下滑，老师、家长只看成绩，这让他更加厌学，于是一个恶性循环开始了。这个年龄的孩子渴望得到认可，渴望得到关注，可是大家关注的都是他糟糕的成绩和在同学面前的调皮捣蛋、哗众取宠。中考的失利更让他自暴自弃、讨厌学习、讨厌学校，因为在那里没有人关注他，他找不到任何的认同感和归属感。在家长的劝说下，小然好不容易鼓起勇气来到一所新的学校，想要从头开始。他是个直性子的人，说话做事考虑不周全，经常伤到其他同学，于是班级里出现了一些同学有意排挤他的现象。他觉得在班级没有他的位置，他没有存在的价值，所有人都在针对他，于是厌学的情绪再一次占了上风。

而他面对这些问题时，选择通过旷课来逃避。

知道了问题所在后，就要开始解决问题。首先，我请朋友做了一些团队融合课程，通过几次班级的班会时间开展了几次拓展训练项目，这一过程主要是针对班级里出现的一些"小团体"。这些"小团体"的存在很不利于班级团结和班级管理。其次，我更加关注他在生活中的细节，发现他的优点就加以表扬，让他感觉有人在关注他、认可他。对于他的一些特长给予充分的肯定，特别是他在运动会中的表现，让我和同学们对他刮目相看。借助这一契机，我有意识地在班级里表扬他，同时有意识地引导同学们对他的表现给予充分的肯定。同时，我趁热打铁，鼓励小然同学要勇于面对现实，做一个有责任、有担当的男子汉，改变他错误的认识，让他用真正的能力和实力赢得他人的认可和关注，而不是像过去那样仅仅博得大家的眼球。我开始跟他讲我自己的故事，想通过自己学生时代的一些经历给予他一定的启示，我想这样会更加有说服力。

在很久之后的一天，他找到我，跟我说了很多感谢我的话，他说：“老师，谢谢你帮助了我，让我更加自信，让我学会了勇敢面对，现在我跟同学们关系改善了，他们慢慢喜欢我了……”

从那以后，他的变化非常大，甚至让我感到非常惊喜：他开始特别支持我的工作，而且还带动他身边的朋友一起支持我的工作，我们也成了无话不谈的朋友。我每次找到他布置工作，他都能很爽快地答应。他奇迹般地从一个问题学生变成了我的好帮手。

如今，他已经开始实习，希望他在今后的工作岗位中能改掉懒惰的毛病，在工作中成长、成熟。

教育感悟 在这个世界上，只要你的心够真诚，只要你坚持不懈，就一定能有惊喜、收获。以心换心，惊喜无限。

作者简介 赵雪丹，女，1983年1月出生，学士，毕业于北华大学，讲师，从事班主任工作8年。

用心灵感动心灵，用真诚赢得信任

班级教育管理是教师工作职责的重要组成部分。班主任是调控班级教育管理活动的主人，是班级教育管理活动的设计师、组织者和教育者，全面负责一个班学生的教育管理工作，对班级的发展起着导向作用，责任十分重大。

用心灵去感动心灵，可能会影响孩子的一生。我第一次见到这个孩子是在军训的第二周，她妈妈把她送到学校，那是一个很年轻、很美丽的妈妈。我第一次见到这个孩子，以为她是个男孩子——一头短发，清秀的面容上充满与年龄不符的不屑的表情，一问才知道她是个女孩子。我带她办理完入学手续，随手拍了拍她的肩膀，表示欢迎，没想到她下意识地做出一个拒绝的动作，这让我印象很深。我的经验告诉我，这个孩子对老师缺乏信任感。这种感觉在后来的接触中被一次次证实。而且，她不只对老师缺乏信任，多年的单亲家庭生活，使她对周围的一切都缺乏安全感，从小到大，她已经习惯孤独，习惯拒绝一切了。我知道，要走进她的世界，是个长期而艰巨的工作。

她很好动，纪律性很差，经常迟到、旷课。我找她谈，她一副很“油条”的样子：“老师你要教育我吗？你教育吧！”她靠着墙、低着头，摆出拒绝的姿态。

“我并没有想教育你啊，我只是想找你聊聊，想了解一下你啊！”我们聊了一个多小时，但一直是我在说，我在唱独角戏。我没有说一句批评她的话，但最后她哭了。这时，我握着她的手，她不说话，但也没有拒绝。我感觉，我在慢慢走进她的心。

以后的日子里，她旷课、迟到的情况仍时有发生，但我能在她的眼神里看见内疚。我定期找她聊天，聊她的成长经历，聊她感兴趣的事。我告诉她：“没有什么事不可以对老师说，无论发生什么事，老师都会和她站在一起的。”

每次聊天时，我都挽着她的胳膊或者握着她的手，希望用肢体的接触来拉近我和她之间的距离。我感觉到，她开始信任我。

慢慢地，我知道，她跟母亲和继父生活在一起，最近母亲和继父离婚。母亲独立经营旅店，生意很忙，除了给她足够多的钱，对她的关心很少。她很冲动，虽然是女孩子，但因为多年缺乏安全感，使她喜欢用拳头来解决问题。有一次，我刚刚吃完中饭，就被学生科的电话叫了过去。原来她在食堂与人发生冲突，在所有领导面前把桌子给掀了，影响很坏。

她像所有惹祸的孩子一样，在学生科垂头丧气地站着，我去的时候，她已经写完事情的经过。她见到我立刻站到我身后。而一般情况下，犯了错误的孩子都很害怕见到班主任，因为已经挨过批评的孩子害怕再一次受批评。而她没有拒绝我，而是像见到亲人一样站到我身后。学生科要求找家长，她小声求我，可不可以不告诉她妈妈，她怕她妈妈生气。虽然她是惹祸的孩子，但那一瞬间我忽然感觉，她像个受伤的小燕儿。我说，找家长是一定的，但除了澄清这件事外，我保证不会告状，不会说她坏话。我还与她很正式地激了掌。

她妈妈来了，第一句话就说：“老师，又给你添麻烦了。”她的态度很谦逊，甚至有些卑微。我忽然感觉这是习惯了老师告状的家长。我对她说：“孩子表现很好，这次的事是个意外，千万别批评她。”她很惊讶。也许我是第一个没有告状的老师。见到她妈妈，她哭了，哭得很伤心，一点也没有平时的那副玩世不恭、无所谓的样子。我握着她的手，边帮她擦眼泪，边说：“知道吗？其实你很美，为什么要把自己打扮成假小子的样子呢？文静、自信的女孩子才是最美的！”

事情解决了，远没有她和她妈妈预想的那样，而和风细雨换来了感动的泪。

从此以后，她彻底接受我了，不拒绝我了，无论什么话都主动对我说。她偶尔还会犯些小错误，但都主动道歉，主动改过。我知道，我用真诚赢得了她的信任。

教育感悟 班主任工作是一项复杂而细致的工作，需要有爱心、细心和耐心，任重而道远。为了达到教书育人的目的，我们必须从实际出发，用真诚赢得信任，努力做好每项工作！

作者简介　徐岩，女，1982年8月出生，学士，毕业于长春师范大学，讲师，从事班主任工作8年。

教育植根于爱

经常听到个别的老师抱怨班主任工作的辛苦和琐碎，抱怨班主任待遇低，抱怨班主任无法和学生相处……在这些抱怨声中，我又一次接受了班主任工作，曾经反反复复思考如何去管理班级，如何和学生一起共同学习和生活三年，当我看见这些稚嫩的脸庞时，答案出来了，那就是用爱和真诚与学生共度三年的时光。

在和学生相处的过程中，我感觉个别同学的心理承受力差，娇生惯养，不会整理自己的物品，不会和同学相处，有时候因为一点小事就气得不得了。著名心理学家马斯洛把人的需求分为生理需求、安全需求、社交需求、尊重需求、认知需要、审美需要和自我实现七个层次。我认为，我的学生中有个别人缺少关爱和鼓励，缺少尊重。

我坚持“一个都不能少”的信念，以爱育爱，以德培德，用真挚的爱心和实际的行动去温暖、感化学生，在班级开展互帮互助活动，带领学生去儿童福利院、延安医院做义工，教会学生做人的道理，希望他们能珍惜幸福生活，提高学习自觉性。我所带的班级，每届都能转化问题学生近十例，班级学生流失率几乎为零。

班里有一个特殊的孩子，她叫小琦。因得过脑瘫，所以小琦的智力和思维只有五六岁儿童的水平。家长不希望小琦去特殊教育学校，被人看作残疾人。我不忍拒绝，接受了这个孩子。小琦虽然已经15岁，但还是会尿裤子，生活中很多事情不能自理。她对一切都充满好奇，经常呆呆地看着同学笑。同学们一开始有点儿排斥她，于是我在班里通过班会发起关爱同学的号召，并成立了一个帮扶小组，在小琦身边安排了一些有爱心的同学，送她过马路，提醒她按时去厕所，还组织了包括小琦在内的十多名同学到延安医院脑瘫康复中心开展了一年的帮扶工作。同学们楼上楼下背着这些脑瘫孩子到教室学习，连小琦都手把手教脑瘫孩子们写字。在我的提议下，双方开了到目前为止唯一的一次运动会，学生们带领脑瘫的孩子们走模特步、跳舞、跑步、拍球等。望着这一幕幕，很多家长都流下了热泪。

小琦在大家的关爱下也逐渐自立，尽量不给同学添麻烦。我还经常为小琦买一些临摹画册、文具、手表和漂亮的裙子，像对待自己的孩子一样去爱护她，三年来从未让家长为孩子在学校学习而担心、忧虑。毕业后的小琦还去学了厨艺、游泳、工笔画。一个孩子就这样再一次恢复了生命的活力。

教育，平凡也不凡，平凡于润物无声，不凡于塑造灵魂。职校学生有的知识起点不高、素质不高、容易流失，班主任工作困难多、责任大。我们不仅要教育学生掌握专业技能，更要着眼于立德育人，培养合格的职业人和社会有用之才。如今，我已从教20多年，但必须继续不忘初心，依旧呵护学生、关爱学生，执着于教育事业。

教育感悟　在职业院校做一名班主任，需要面对的是双倍的挑战和难度，学生大都起点低，性格顽皮，综合能力相对薄弱。那么如何让学生们蜕变成能工巧匠，让他们走出校园成为有用的人，这是我从教24年来一直钻研的“课题”。每一个孩子都不应在教育中被放弃，每一个灵魂都需要温情与关爱。教育家苏霍姆林斯基说过：“没有爱就没有教育，爱是教育的前提”。而我，就是要做这样一位有爱的师者，做教育岗位坚守的强者，感化教育的守望者，真诚善待每一个孩子，用心关注每一个孩子。

作者简介　徐婷，女，1974年6月出生，学士，毕业于长春教育学院，高级讲师，从事班主任工作10年。

用爱浇灌班级

时间在繁忙的工作中匆匆流逝，我已经工作6年了。回想起和学生在一起的点点滴滴，一种酸酸甜甜的滋味油然而生。

2011年，我到长春市第一中等专业学校任教，从走进校门的那一刻，便开始了我的教育生涯。这里有我的足迹，更有我的教育故事。

有位科学家说："人类在探索太空、征服自然后，终将会发现自己还有一种更大的能力，那就是爱的力量，当这天来临时，人类的文明将迈向一个新纪元。"一位老师只有心中有爱，他才能向学生施爱。作为一位班主任，我一直将爱贯穿于整个教育过程的始终。我认为，班主任老师是一个班级的灵魂，有人说，一个好的班主任就是一个好的班集体的灵魂。班主任每天都要和学生打交道，每天都要面临班级发生的各种各样的事件，既要做学生求知的引路人，又要做学生思想的引导者。我认为班主任对待学生既要像母亲关爱子女一样，还要和学生平等交流。一直以来，我就是心怀这样的想法去面对我的学生，时刻铭记"奉献爱心、立足本职"。

爱的呵护

在学校工作的第二年，我开始了班主任工作，而且是担任一个在学校很有名的班级的班主任。大家都说这个班级不好带，但是我觉得爱的教育最能感化学生，让他们的心灵受到呵护。所以，我及时了解学生的个人情况，特别关心家庭或者身体有特殊情况的学生。记得我刚带班时，班级有个女孩叫小静，我之所以会关注到这个孩子，是因为她不像其他女孩子那样青春、有朝气，她总是默默地躲在班级的角落里，不和任何人交流。一天，我到班级检查学生早自习时，发现这个孩子不在班上。我和家长联系后才知道，原来孩子生病了，早上去了医院。也是通过这次机会，我才知道她是一个单亲家庭的孩子，只有爸爸一个人养育她，而且她还有哮喘病，孩子因为家庭和身体的原因有些自卑。经过几天的治疗，孩子来上课了，从此我便更加关注这个孩子，将她的座位安排在了通风最好的位置，并且交代班级干部一定要多关注她，有什么情况一定及时通知我，而且我自己也默默地关注着她。即便是这样，我担心的事情还是发生了。我记得那是2013年放暑假之前的一天，我因高烧不退在诊所打点滴，这时候接到了班长的电话，班长说小静的哮喘病犯了，突然倒在地上。我了解情况后，马上让班长到附近的教研室找老师。我挂断电话后立刻给120打电话，并联系了孩子的家长。我顾不得没有输完的药水，拔掉针头，就赶回了学校。我到学校后120救护车已经到了，孩子得到了及时的救治。

在这之后，孩子与我的关系发生了微妙的变化，她会时常围绕在我身边，但好像欲言又止。每当这时，我都会站在她的对面，等着她冲破自卑的防线，对我说些什么。终于有一天，她对我说："徐老师，谢谢您。"然后，她对我讲了她家里的情况，以及她因为身体原因不能剧烈运动，很多好动的孩子都嘲笑她，她认为自己和其他孩子不一样，慢慢地，她就不喜欢开口说话了。之后的一段时间，我们几乎每天都会聊一会儿，聊她的身体状况、学习状态，甚至聊到班级学生的"八卦"。慢慢地，我感受到了她的变化，她的笑容多了，学习也积极了，和同学们的关系也融洽了，每天中午都会和同学一起去食堂了。一年后，到了他们的实习期，她顺利地通过了面试，并且在实习期后留在了实习的公司。她毕业已经5年了，她告诉我，她已经成了公司的正式员工，除了做设计，还会负责与客户沟通。我每个节假日都会收到她的祝福，我觉得这是我收到的最幸福的祝福。

不懈的支持

个别中职学生家庭和心理的特点，造成他们存在明显的自卑心理；家庭不完整；初中时的学习成绩不是很理想，得不到老师的重视……久而久之，他们自然产生了对人生和自己的怀疑。作为班主任，我经常在平时的学习和生活中及时引导学生，给他们精神上的肯定及支持。我们班有个男孩子的家长让我印象深刻。那是在他们入学以后的第一次家长会上，有一名穿着朴素的家长一直等到我解答完所有家长的问题后紧紧握住我的手，说："老师，请您帮我好好关照下我的儿子，我和他爸爸在他小的时候就分开了，我身体不好，一直打零工供他上学，家里的经济状况最近才好一些。后来他爸爸又回来找我们母子，因为他爸爸身体不行了，我念在夫妻一场的情分上让他回来了，可是他脾气不好，经常对我们动手，所以孩子既要强又自卑。是我们家长害了孩子……”说着，这个母亲已经泣不成声了。

从这次谈话后，我开始默默地关注这个男孩子。我发现他很聪明，但是不愿意专心学习，下课后总是嘻嘻哈哈，能和所有人打成一片，有时会发很大的脾气，有时会表现出一种小混子的样子，却又能很细心地注意到我椅子上没有坐垫。经过一段时间的观察，我开始了第一次与他正式的谈话。当我问到他对于以后有何打算的时候，他很不屑地说：“没打算啊，反正也考不上。”我表现得很吃惊：“怎么会？你一定会考上大学的！你这么聪明，这么细心，有其他男孩子都没有的特性。”这个大男孩听到我的话居然脸红了，他说这是他第一次得到老师的肯定，以前的老师只会说他不行，什么都干不好，他答应我会试着好好学习。我认为这是一个突破。之后，他真的发生了变化，上课时积极主动了很多，尤其喜欢我的专业课。就这样，又过了一段时间，我又和他进行了第二次谈话，这次聊得比第一次深入，也聊到了他的家庭，他不理解母亲为什么再一次接纳那个曾经抛弃他们母子的父亲。我对他做了正确的引导，并告诉他，人与人之间的情感并不是都可以用理智去控制的，而且亲情这条血脉是永远也割舍不断的。在三年时间里，我和他进行了无数次的谈话，在班级管理上，我让他做班级的生活班长和美术课课代表，他说这是他在12年的学习生涯中第一次做班级干部。后来，他连续两年的期末考试都取得了年级第一的好成绩，现在居然可以自信地告诉我：“老师！我要为你拿下5个校考的合格证书！”

去年12月，美术高考的成绩出来了，这个男孩获得了吉林省第198名的好成绩，他在第三次模拟高考中也取得了年级第一名的好成绩。我相信他一定会圆自己的大学梦！

我总教育我的学生：只要你们尽力了，无论你做到什么程度，只要和自己过去比进步了，我都会认为，你是老师心目中的好学生，老师会一直以你为傲。通过这种方式，我在孩子们心中播下了爱的种子。值得欣慰的是，我班级中每一名学生都取得了很不错的美术成绩。我相信他们都会有很美好的未来，因为现在无论在我还是家长的眼中，他们都是那么阳光、自信，充满着朝气。

三年的班主任生涯，让我收获颇多。我认为没有顽固不化的学生，只有不用心的班主任，对待孩子们不需要用太多华丽的词汇和技巧，只要有爱、有心并愿意付出时间，就一定会得到孩子们的回报。都说中职生的孩子没有“心”，其实我觉得是老师没有先用心，在和他们接触之前就存在抵触情绪，也没有想过要深入了解他们。在以后的班主任生涯中，我还是愿意把每一个孩子当作一本书去读，了解他们的内心，并用爱走入他们的内心，用爱浇灌他们成长。

教育感悟 在这爱的岗位上，一定要用心去了解每一个孩子，走入他们的内心，用爱去浇灌，助我的学生在积极向上的爱的环境下成长。

作者简介 徐佳欣，女，1988年6月出生，学士，毕业于吉林师范大学，讲师，从事班主任工作5年。

栉风沐雨，且行且歌

中国有句俗话：无限风光在险峰。有一次，我们雨中登庐山，那个在艰难中前行，手拿导游旗帜，用亲切的言语鼓励我们坚持、克服困难、勇攀山顶的导游让我十分钦佩。这使我发现原来班主任的工作跟导游的工作竟然十分相似，我们同样是带领着一个个团队，欣赏沿途的风景，扫除路途上的障碍，穿过崎岖的山路，即使在风霜雪雨中依然要且行且歌，鼓励大家勇往直前努力登顶。

自从2004年大学毕业后，带着无限憧憬的我走上了职业教育这个舞台，到如今已有15个年头，15年来都坚守在班主任工作的战线上。有人说，班主任工作是辛劳的，尤其是职业学校的教师付出的不仅仅是汗水，更多的是爱心。

我们要秉持一颗真心，尊重集体中的每一个学生，在遇到问题时，选择恰当的方式对学生进行引导式的教育。作为一名美术专业的学生，审美是学生必备的一项重要素质。可是生活中，我们的学生总是以其所谓“非主流”的奇装异服来表现他们对美的理解：染发、化妆，甚至有些男同学也穿耳洞、戴耳钉……2011年，我担任商务助理班的班主任，当时韩剧《浪漫满屋》在我们当地热播，校园中的学生们竞相模仿剧中人物的穿着装扮。一次，我在走廊中遇到三名嬉笑打闹的男生，在他们向我鞠躬问好时，我被其中一名学生耳郭上的亮光吸引，仔细一看，发现那是一枚仿钻的耳钉。学生感受到我的注目，他不自然地微笑，紧张地等待着我的当众批评，可出乎他的意料，我只轻声说了一句：“要上课了，快进班级吧！”他下意识地抬头，愣了一下，在我的目光中窃喜地拽着两个男同学飞快地跑走。后来经过调查，我得知他是周末瞒着父母偷偷仿照剧中人物的样子打了耳钉。第二天课间操时，我发现他还戴着耳钉，他看见我，就有意无意地躲避，同时低下头来用手小心翼翼地掩饰着耳钉，我走到他身边轻声说了一句：“你最近变化有点大，不够帅气了……”他在我的注视下微微红了脸。第二天早读时，我组织同学们开展了一次关于“什么是美”的讨论，学生们讨论得十分热烈。我仔细倾听孩子们的心声，并耐心引导他们得出“美不在外表，应在心灵”的结论，以不被他们反感的谈话方式来教育、引导学生进行审美鉴赏。然后我在他的周记评语中婉转地表达了我的美学观点以及对他的期望。在我有目的的引导下，他主动摘下了那枚闪亮的耳钉，而班级里也开始形成一股清新的审美风。这件事使我更加坚信，教育不在于高声厉喝，而在于真心的引导、沟通和交流。

作为一名班主任，我要带着一颗细心去发现每个学生的闪光点，给学生以信心。罗丹曾说过：生活中处处都有美，只是缺少发现美的眼睛。人都有被表扬的需要。优等生需要表扬，学困生更需要表扬。一次期中考试家长会后，一名学习成绩落后的学生的爸爸给我打来电话，用了近两个小时的时间诉说孩子的种种不良表现，表达着他的失望之情。在我和该生的一次偶然的交谈中，该生自嘲地说：“老师，你教我这样的学生是不是老上火了？”我听后心里十分酸楚：孩子已经在父母、亲人的种种不认可中慢慢放弃了自己。后来在班级的一次书法比赛中，平时不甚积极的他却很踊跃，认真书写了两篇，经过评选他获得了一等奖。后来偶然的一次语文课上，我又发现平时对什么都不感兴趣的他，主动坐到了前排，积极发言、阅读课文。于是我决定以此为突破口，和语文老师沟通后决定让他担任语文课代表，当时他带着惊讶且试探的语气说：“老师，你怎么让我当课代表呢？我不行吧？”我说：“我愿意相信你！你也要相信你自己！”他半天没有说出话来，最后抬起头来掷地有声地对我说：“老师，你放心吧！”在这之后，我发现他对工作非常认真、负责，每次的作业都收得很齐，而且对其他科目的学习热情也明显高涨了，得到了老师们的认可，并且在月总结的班会上获得了工艺课的“学习进步奖”，我给他颁发了奖状。他的爸爸发来短信说了孩子的变化，并感谢我对孩子做的一切，我的心里有一种说不出来的成就感。

三尺讲台，舞台虽小，但我手捧师爱，憧憬明天；一间教室，视野虽窄，但我热爱学生，无悔青春。15载苗圃耕作，让我顿悟，选择了教书育人，就是选择执着的信念；选择了职业教育，就是选择无私付出；选择了班主任工作，就是选择对岗位和责任的坚守。整理着这一路上的故事，有寒霜风雨，也有艳阳高照，但无论未来的道路怎样，我依然坚持在这条充满崎岖却秀丽无限的道路上，且行且歌，永不停止！

教育感悟 光阴似箭，日月如梭，转眼间，我从事班主任工作已有十五个春秋，在班主任这条路上也算走了不短的旅程。陶行知先生说过：“真正的教育是心心相印的活动，唯独从心里发出来，才能打到心里去。”在多年的班主任工作中，有成功的喜悦，也有失败的痛苦，从中我也体会到了做一名教师的酸甜苦辣，我也深刻体会到当好班主任就要从“心”开始，用“心”对待，用爱养育，只有这样才能做与学生心心相印的领路人！

作者简介 隋莎莎，女，1981年4月出生，学士，毕业于长春大学，高级讲师，从事班主任工作15年。

用师爱去浸润每一颗心灵

转眼间，我在中职学校工作已有十几个年头，令我至今难忘的仍是刚刚步入社会、初为人师时的一段班主任工作的经历，现在回想起来，依然历历在目……

是学校的教育改变了一个人的命运。

记得在班级初次见到他，他一身社会不良习气，一看就是那种不学习、不听话的问题学生的典型代表。很显然，初识社会的我自然没有他阅历丰富，也不懂怎么与他沟通，我甚至都不敢直视他的目光。这个学生看上去好像传说中的“大哥”。果不其然，他上课睡觉，下课和一群后进生胡作非为，隔壁班级的班主任向我告他的状。当时作为新生班主任的我，遇到这样的学生，简直是毫无办法。我也和他沟通过，苦口婆心地劝导过，作用微乎其微。

一个办公室的老教师看到我一筹莫展，知道我是因为班级里那个远近闻名的学生心烦，便告诉我很多班级管理方法和处理典型学生的技巧：教育学生首先要发自内心去关心学生，让学生了解你是为他们好；要放下教师的架子，从生活小事入手，一点一滴拉近与学生的距离；他们犯了错误不要去呵斥他们，而是先站在学生的角度看问题，让他们自己发现问题。经过一番尝试，慢慢地，我发现这些问题学生对我说的话不再抵触，他们似乎也不像以前那样四处惹是生非，我也发现原来他们每个人身上都有闪光点。我发现，我们班这个“大哥”非常讲义气，在班级人缘很好，善于交际，乐于助人。于是，我让他多承担班级卫生方面的工作。“大哥”的转变是明显的，他开始注意听讲了，上课时能坐住板凳了，对班级工作也上心多了。

熟识之后的沟通才是有效的沟通。

通过和“大哥”聊天，我知道了他生活在单亲家庭中，自小无人看管，容易自暴自弃。出于对学生遭遇的同情和为人师的责任，我对他格外关心，付出更多关爱。上课提问，下课谈心，让班级干部带着他一起参与班级管理。因为受到老师和同学们的关注，他很快就找到了自信，学习进步了，举止规矩了，“三观”都向着正面发展。经过三年的学习和实训，他现在是某装饰公司的部门经理。他的转变使我深信学校教育是能够改变一个人的命运的，而承载着教育使命的则是教师对学生的师爱。

一位伟大的人说过：“只有热爱孩子的人，才配做一名合格的教师。”教师对学生的爱，不是出自个人的喜好，而是出自社会的需要、教育的需要。这种爱是稳固的、深厚的，是与教师所肩负的社会责任紧密相连的。我们要通过严谨的教风，用宽容的心态、仁爱的师道、厚积的知识为学生撑起学校这片天：班主任晚上八九点还在教室陪伴学生学习；学生生病了，老师和学生父母一样着急；专业课教师为学生的就业着想，与企业一起引领学生走向市场；职业教育的发展为学生提供更好的学习环境、生活环境、就业岗位、参与机会……这一桩桩、一件件事都融入我们全社会对职业教育的关注，体现着从教人员给予学生的大爱！

总之，师爱能拉近师生间的距离，是师生间的润滑剂。教育过程中有了师爱，学生的心灵就受到了滋润，能更加健康地成长；师爱，是学生们学习的助推器，有了它，学生们学习的劲头更足；师爱，是后进生积极转化的催化剂，有了它，学生们愿意直面困难，迎头赶上。丝丝园丁意，拳拳育人心。师爱是春雨、是阳光，更是一种发自灵魂的芬芳，当我们用心去爱每一位学生，收获的不仅是一张张灿烂的笑脸，耳旁一声声清脆的“老师”，更多的，是一种为人师的幸福和自豪！师爱，正是这样一种巨大的教育力量，它能够感化学生的人格，陶冶学生的情操，可以使自卑者自尊，使落后者上进，使悲观者看到希望，使冷漠者燃起激情！

让我们用师爱浸润每颗心灵！

教育感悟 我怀着满腔热情，用自己的知识、智慧、人格引领我的学生们一同成长，并肩前行；学生因为有我的陪伴而快乐，我因为有学生的同行而幸福。在享受这些快乐与幸福的同时，我对教师这一职业有了更深刻的理解：爱是教育的魂，没有爱就没有教育。

作者简介　董凡，女，1980年10月出生，学士，毕业于吉林艺术学院，讲师，从事班主任工作3年。

夏

夏日繁花

心向太阳

点滴“爱”铸就学生辉煌未来

班主任工作是学校管理工作中的重要组成部分，班主任是班级管理的组织者和引导者，对学生的品德修养、学习生活和健康成长起着十分重要的作用。我在三尺讲台上默默地耕耘着，许多故事都已随着时间的流逝而渐渐淡忘，可也有一些深深地印在了我的心里。虽不曾惊天动地，但至今回想起来仍历历在目。

教师对学生真诚、无私的鼓励、赞赏是激发他们的最佳手段，是培养师生情感的重要途径，是教育教学成功的桥梁，是教师工作的最高艺术。

一、“关爱”温暖着学生

记得在我担任学校第一届动漫班的班主任时，有个叫小帆的女同学引起了我的注意。她衣着朴素、寡言少语，但学习认真，专业课成绩在班级名列前茅。她很少与其他同学交流，下课后也不像其他女同学那样，聚在一起叽叽喳喳地讨论着各种流行款式的服装或小零食，她那本应洋溢着阳光活力的脸上总是带着淡淡的愁容。是什么让一个花季少女失去她应有的快乐和笑声呢？我决定解开她的心结，打开她尘封的心扉。我翻阅了小帆同学的学生登记表，发现亲属一栏里只有她母亲的信息，而且还不完整。父亲呢？我心里打了个问号。按照登记表中留的家庭地址，利用周六的时间，我来到一个老旧的小区，敲开了她家的门。在小帆惊讶的表情中，我走进她的家——一个整洁但极其简陋的家，只有一台老旧的电视机还能显示出这个家与时代的联系。我通过和她妈妈谈话得知，小帆父亲早年病逝，治病花光了家中所有积蓄，还欠有外债。母亲没有固定工作，靠打零工来维持她们的生计。家境贫寒使小帆的情绪波动很大，她心疼妈妈，为了减轻妈妈的负担，多次产生退学去打工的想法，在妈妈的坚持下她才留在学校继续学习。了解她的情况后，一方面，我多次找她谈心，给她讲励志人物的故事，与她交流心得，帮她树立面对困难生活的勇气；另一方面，我从小事入手，无微不至地关心她的生活，经常购买一些生活用品送给她，并多次为她购置学习用品。我鼓励她积极参与班级的活动，学会与同学们交流，培养乐观开朗的性格。在大家的关心和帮助下，小帆同学逐渐走出家庭困境的阴霾，变得开朗、乐观起来，坚持完成了学业。小帆专业成绩优异，毕业时被一家大型动漫公司录用。现在，她抓住了互联网时代的机遇，在网上开设了自己的“漫画人物画像”业务，收入还很可观呢！每当接到她打来的问候电话时，我都由衷地为她的进步高兴。我想，这就是老师最大的幸福！

二、“激励”铸就未来

有人曾经说过：“所谓‘废品’，是放错了地方的资源。”的确如此，因成长环境、家庭和个体等诸多因素造成了职业学校的少数学生有着这样那样的问题，但只要掌握这些学生的特点，采用少惩罚、多肯定，少质问、多鼓励，少训斥、多交谈，少命令、多引发的入情、入理、入境、入心的教育，树立他们的自信心，每一棵小树都会在“激励”的阳光下长成参天大树。

2011年，我所带的工艺美术班有一名叫小啸的同学。新生报到之初，他的妈妈就专门找到我，向我讲了他的情况。原来小啸由于初中学习受挫，中考失利，深受打击，觉得自己一无是处，导致在家封闭两年半，在父母的苦苦哀求下才来到我校学习。他的妈妈含泪拜托我一定要帮帮她，多关注孩子，重新树立他学习和生活的信心。经过一段时间的观察，我发现小啸同学性格孤僻，从不与他人交往，但是，每次班级大扫除时，他都默默地留在最后，把班级物品很有条理地摆放整齐。为了开启他的心灵，唤起他的信心，在每次周末扫除总结会上，我都会第一个对小啸进行表扬，让全班同学为他鼓掌，并且让同学们都向他说声：“谢谢，你真棒！”据专业课老师反映，小啸同学的美术功底比较扎实，画画的时候非常认真，专业成绩也很优秀。我抓住这个机会，把他的习作贴在班级展览板上展示，并邀请他父母来班级参观；鼓励他发挥所长，担任班级宣传委员，负责板报工作；等等。经过长时间的努力，小啸逐渐开朗了起来，自信了起来，融入了班级的生活，与父母的关系也有很大改善。看到孩子的转变，小啸妈妈感动得热泪盈眶，她激动地说：“谢谢您，王老师，没有您的教育，我都不敢想象孩子的未来。”毕业时，在我的鼓励下，小啸同学参加了升学考试，成功地考上了一所艺术院校，开启了他崭新的学校生活。

著名作家冰心曾说过：“情在左，爱在右。走在生命的两旁，随时播种，随时开花。”我以平等的尊重和真诚的爱心，去打开每一个学生的心灵。因为我知道，每一扇门后面都是一个不可估量的世界。作为班主任，应该怀着一颗爱心，处处留意，扶起孩子的自信之心。一句轻声鼓励，随时赞赏，帮助学生树立进取之路。学生最大的幸福是获取老师、同学的赞赏，老师最大的幸福就是学生在自己的眼前成人成才。老师用“爱心”温暖学生，以“激励”铸就未来，是师生获得教育幸福感的完美途径。

教育感悟 多年的班主任工作让我深深体会到，“‘爱’不是智慧，但它常常放射出比智慧更诱人的光泽”。教育的目的就是使每个学生都能沐浴爱的阳光，健康、快乐成长。要多发现学生的优点，学生越是存在问题，就越是需要老师给予爱。发现孩子的优点，站在孩子成长和鼓励孩子进步的角度去思考、去探索，用点滴的“爱”铸就孩子绚烂的未来！

作者简介 王庆云，女，1972年9月出生，硕士，毕业于东北师范大学，高级讲师，从事班主任工作13年。

幸福，源于花儿的微笑

那是2014年的一天，快要下班的时候，我的办公室里却充斥着紧张、严肃的气氛，3个因抽烟被发现的女生正耷拉着脑袋听着家长们的训斥。

她们是班级里的一个“小团伙”，同学们都戏称她们为“三朵金花”。提起这“三朵金花”，我就很恼火——不止一次听老师和同学们向我抱怨：她们太抱团了，不只是平时的吃、喝、拉、撒总是一起行动，就是发型、衣服也都保持一致，尤其是之前，其中的一个人与别班同学发生口角后，她们3个人竟然一起去声讨。多次的批评谈话只换来“我们是好姐妹”的理直气壮。

这次，她们又一起抽烟，这种行为违反了学校的管理纪律。事件发生后，我想要不要趁此机会把她们开除了呢？这样就可以一劳永逸，再也不用为这“三朵金花”烦心啦！但转念一想，有着青春韶华的她们如果因此离开学校的话，人生是不是会发生天翻地覆的变化，我是不是成了“扼杀”她们成长的“凶手”呢？正在我纠结时，一个想法蹦了出来：如果向学校“保下她们”，然后因势利导，是不是可以对她们产生积极、正面的影响呢？这是一次尝试，一旦失败，我将面临更加复杂的情况。虽然纠结矛盾，但最终我还是下定了决心，权当是班主任成长过程中的一次考试吧！无论结果如何，我都将欣然接受。

我把她们单独叫到了一个没有人的机房，没有怒目圆瞪直接批评她们，而是以一种轻松的态度让她们坐下，跟她们一起聊聊天。我给她们讲了一段我的经历：我曾有一个从小一起长大的闺蜜，我们形影不离，大家都叫我们“双胞胎”。高三的一天，她突然神秘地告诉我她网恋了。我初听时很震惊、很兴奋，但看着她每天不分日夜拿着手机与男友聊天，导致成绩下降时，我知道作为好友我应该劝阻她的行为，但是我胆怯了，害怕自己劝说不成反而伤了我们的感情，只能默默地看着她继续错下去，甚至在老师和家长询问我时，选择了隐瞒。很快，高考结束了，我顺利考上了理想的大学，但是她落榜了。我们分开后，起初时常打电话，互诉思念之情与生活琐事，但打电话的次数越来越少、话题越来越少，时间长了，感情就淡了……在她考上一所外省的大学后，我们就再也没见过面。时隔多年，我时常会想起以前快乐的时光，也反复地问自己为什么会这样？假若当时我能及时、勇敢地去劝说她而不是帮她隐瞒，现在的我们会不会还是一如从前那样亲密无间呢？

我告诉“三朵金花”，我很羡慕她们那么纯真的友情，希望她们的感情能够长久坚持下去，但是真正的朋友到底应该是什么样的呢？我觉得这是一个值得思考的问题。听完我的话，她们都陷入了沉默当中。我选择“搁置法”，不直接去问她们的想法，而是让家长把她们带回家，告诉她们可以慢慢思考，如果心中有了想法可以随时找我聊聊。我终于把引线抛了出去但收回的是什么，我不敢肯定。那个晚上，我忐忑、纠结……第二天早上我早早到校，办公室门前那三个比我还早到的身影抚平了我心中一切不安，那一刻，对我们彼此而言都是一个新的开始。教育不是一蹴而就的，我知道仅凭一次谈话、一个故事并不会让一个人完全转变，还有很多的后续工作需要做，但好的开头会让人充满无限的动力。我很庆幸自己勇敢地选择了尝试，这让我知道了真诚、平等、尊重、宽容在师生关系中的重要作用。

两年过去了，时间改变了很多事情，唯一没变的是她们三人的友谊。她们顺利地升学了，我收到她们向我报告大学新生活的信息以及教师节的祝福。我过生日时，收到她们发来的她们捧着点着蜡烛的蛋糕，笑靥如花地唱生日歌的小视频时，我知道自己是幸福的！

亚里士多德说：“教育的根是苦的，但果实是甜的。”教育的过程中我们承担着风险，付出着心血，收获有时就在一次尝试之间，那是一份纯真的师生之情，是一份从容和宁静，是一份幸福和快乐。在未来的路途上，我将继续随心而动，在平凡的点滴之中勇敢前行，因为我知道花儿的笑容是我幸福的泉源。

教育感悟　班主任工作让我尝到了苦与累，但更多的是幸福与满足。“爱”是班主任工作中最关键、最重要、最核心的内容。只因拥有对学生那份疼爱，你才会平静地面对学生所犯的错误，才不会认为班主任工作繁杂、苦累，你才会想方设法创造性地开展工作。爱学生的方式方法可能有一千种、一万种，我希望我的班主任工作能做到“无痕迹教育”“润物细无声”，在平凡之中去熏陶学生的心灵，去塑造学生的心灵，去灌溉他们的心灵，在默默奉献中实现做老师的意义，在辛勤劳作中实现做班主任的价值！

作者简介 吕磊，女，1987年10月出生，学士，毕业于东北师范大学，讲师，从事班主任工作6年。

野百合也有春天

光阴似水，流去多少年华。不知不觉间，我走上三尺讲台已十几个春秋，当年那个如履薄冰的青涩女孩如今也已人近中年。回想这些年的从教经历，尤其是从普通高中到中职院校的这两年，教书育人中的很多片段都值得铭刻在记忆深处，永为珍藏。

俄国教育家乌申斯基说：“如果教育学期望从一切方面去教育人，那么就务必首先也从一切方面了解人。”作为教师，我们要想学生对我们多一份亲近与信任，就需要我们躬下身来去主动亲近每一个孩子，用我们心灵深处的光芒去照亮他们的精神世界。

根据学校安排，2016年起我担任美术高考班的班主任并负责英语课的教学工作，从培养目标来看，美术高考班的学生要作为艺术考生参加全国统一高考；从生源质量上看，成绩差、基础差是学生们不容回避的现实。刚接手这个班之时，我同班上每位同学的家长都进行了深入交流，并且详细了解了每位学生的成长经历和性格特点。在日常教学和组织活动中，我认真观察每个孩子，分析他们的个性特点。经过一段时间的努力，我发现，我们班的这些孩子普遍天资聪颖，但有的性格叛逆，他们中考成绩不理想的原因主要是家长对孩子宠溺、疏于管理或父母离异。针对这一现实，我改变了普教大容量、快进度的教学方式，从初中课程和知识点讲起，为孩子们重打基础。通过一年的实践，应当说还是取得了比较明显的效果。

我们班有一个叫小宇的男孩，拥有远超出同龄孩子的心智，但中考成绩很差。我通过和他父母交流了解到，原来他从小就没有家长陪伴，父母因为工作的关系很少能陪伴他，所以他小时候唯一陪伴他的就是他家的钥匙——每天挂在他的脖子上。上学、吃饭、睡觉，很多事都是他一个人做，所以他的性格特别独立，也很有主见，可惜因为小孩子自控力差，一直贪玩，父母又无法陪伴和监督，所以他从小的学习成绩就很不理想，以致中考时名落孙山，没能考上高中。但他心智成熟、遇事冷静，对自己喜欢的事情会做得很好。我多次找他谈心，他也都把自己从小到大的经历说给我听。我知道，每个孩子生来都是一个天使，他们需要理解，需要关心和爱护。我没有以班主任的身份强制他学习，反而根据他的性格和特长推荐他担任学生会干部，发挥他组织能力强的特长。事实证明，这更适合他的发展。他擅长弹吉他、唱歌，于是我便给他创造机会。学校组织大型文艺晚会，我推荐他去参加，他表现得很出色。在学校组织的“12·9”红歌汇演中，他和另外一名同学作为吉他领唱带领我们班在比赛中取得了优异的成绩。班级和学校的各项活动让他逐渐找到了学习的自信。学校开展秋季运动会，每个班都要出节目，他自告奋勇，和班里另外几个同学组成了一支乐队。运动会之前，几个孩子除了正常上课之外，把全部时间都用到排练上，三个人由最初对表演曲目的生涩到最后配合得天衣无缝，付出了很多。运动会上，三个孩子共同演唱了经典歌曲《童年》，全校师生都为他们的精彩表演欢呼喝彩，我们班也凭借三个孩子的出色发挥，在运动会上荣获“最佳风采奖”。这次活动之后，他的学习态度有了极大转变，他不再在课堂上东张西望，不再溜号淘气。他找到了自信，找到了自己的价值。他对我说：“老师，我从小到大都没有遇到过您这么好的老师，直到遇到了您。以前要是也有人像您这样管我，我现在就不会学习这么差了。”我告诉他只要努力，什么时候开始都不晚，我相信他将来一定会有出息的。

古人云：“亲其师，才能信其道。”我们所应对的学生是有人格尊严、有思维、有情感的人。“情”的投入是教师工作的内在要求。情到深处，学生的内心世界就会向你敞开，他有话愿意和你交流，有困难愿意请你帮忙，有苦闷愿意向你倾诉。你的爱他能领悟，你讲的道理他能理解，你指出的缺点他愿意改正，从而产生强烈的情感效应。

这样的例子在我们的班级不胜枚举。每个孩子都有不同的成长经历和性格特点，我们要做的是找准制约他们成绩提高的原因，分析问题、因材施教，而不是制造流水线上整齐划一的工业产品。

我一直和孩子们讲，北极熊也有梦想，野百合也有春天，也许我们的学生不能像同龄孩子们那样走进省级重点高中，但我们的梦想一样崇高，我们的拼搏一样热血，我们的青春一样精彩。

教育感悟　我们要相信：每一朵花都会绽放熠熠光彩，用我们的真心去温暖每一个学生，去关爱每一颗稚嫩的心灵，那么你将收获整片天空。

作者简介　刘丽，女，1981年11月出生，学士，毕业于北华大学，助理讲师，从事班主任工作2年。

育人从心，心暖向阳

我从事教师工作11年，刚刚工作时我把学生们当作弟弟妹妹看待，随着年龄的增长，现在我把学生们看作自己的孩子。学生们在学习成长的过程中总会犯一些错误，我总会以家长的角度来处理，时刻以保护孩子的心理健康为前提，让他们在认识到自己问题的同时，也能感觉到老师的关爱。

在众多的问题学生中，让我印象最深刻的是第一届学生。我班有个叫张程的学生，班级值日时，他总是默默地做分配给他的工作，课下不爱和同学们说话，放学时也是自己一个人走，从来不找同伴。我一直理所当然地认为他性格内向、喜欢安静。有一天早自习时，全班同学都在诵读古诗，他却一直趴在桌上，刚开始我以为他是身体难受趴着歇会就好，可是上了两节课，他一直就没有起身过，我很担心。当他抬起头时，我惊呆了，他的头上有一大块淤青。我问他："怎么伤到的？发生了什么事情？"但他一直捂着头说："没事，没事，老师，昨天摔的。"我看出来他头上的伤很明显不是摔的，可我再怎么追问他就是不说。第三节课，我找到我们班同学了解情况，问了好多人都说不清楚。当我问到一个回家和他一个方向的同学时，他说道："老师，昨天放学，我路过南岭体育场时，好像看到有人在打张程，看他们好几个人，我就没敢过去。"中午休息时，我请张程来到我的教研室，我不敢太直接说他被打的事，只说："张程，我带你去校医室擦点药。"他小声说："不疼，老师，没事。"我说："昨天放学你路过南岭体育场，是不是发生了什么事情？老师没有任何想让你难堪的想法，老师只想问问你，需不需要帮助。我能帮助你。"张程抬头看着我，对我说："没事的，老师，昨天有几个人找我要钱，我没给，你放心，没事的。"虽然他没有把事情的经过全部说给我听，可他已经开始跟我说了，这让我很欣慰。我又继续问他："家里人都知道吗？有没有去报警啊？"这句话可能触到他的伤心处，他含着泪跟我说："回家后，我奶就看出来了，第一句就骂我，说我又去哪惹事了，我没理她，就一直躺沙发上来着。”孩子的几句话让我非常难受，我能理解他在外受人欺负，回到家想要家人关心的需求，家人看到他受伤，不但没有询问孩子的伤势，反而责怪孩子惹是生非，孩子该有多伤心啊！我握着他的手，跟他说：“不要难过，家里人都是爱你的，他们很担心你，但是他们不会表达，他们不是有意让你伤心的。”在去校医室的路上，我挽着他，和他说了很多，我能感受到的是，他的心结很难打开。下午，我把班级的班委召集在一起，跟他们说了这件事，同学们很想帮助他，但无从下手。最后，他们想出了一个办法，为了避免再次发生这样的事，我们班所有的男班委每天一人轮流陪张程回家。我负责打电话给110，告诉他们南岭体育场有抢劫的事情发生，请他们加强巡逻。随后，我又给孩子的家里打电话了解事情经过。这个孩子的家庭情况很特殊，父亲去世，母亲把他留给了奶奶后，再也没有管过他。爷爷奶奶没有生活来源，养活自己都很困难，他的生活费一直是姑姑给的，姑姑说只能帮他到十八岁，以后全都得靠他自己了。爷爷奶奶虽然爱孩子，但家庭条件实在困难。奶奶发现他受伤后的第一反应就是孩子打架了，怕他把其他人打伤了，家里承担不起医药费，才会脱口说出这样的话。爷爷奶奶很爱孩子，但平时很少跟孩子沟通，毕竟年龄差距太大，很难聊到一起。但孩子的奶奶说，一定要和孩子聊一聊这件事，让孩子知道家里人是爱他的，而且在今后要多关心孩子，说话时也多加注意，不想再伤孩子的心。

在发生这件事后的半个月，我们班一直轮流安排男同学放学后护送他回家，刚开始怕伤他自尊心，没有人告诉他，偷偷跟在他后面。后来他发现了，他并没有赶走我们班同学，但也没有和护送他的同学结伴而行，一直保持着一定的距离。同学们怕伤他自尊心，在班级里从未提及此事，他也再没有找我谈过。可全班同学都能看出来他在慢慢发生变化，他的脸上看到了原来没有过的笑容，有时候会主动和同学聊天，在走廊见到我，也会主动和我打招呼。甚至有一次我在班级时，他看到讲台上有垃圾，拿着扫帚走上讲台说“谁扔的纸，都扔老师这了”，并主动打扫了讲台。他不善表达，但从他的行动中我已经看出来他对我的态度在一点点转变。我们虽替代不了他的家人，但希望他能感受到老师和同学们对他的关爱。

十余年的教育工作中，我遇到了许多这样的学生，很多家长只会用打骂的方式教育他们，学生在家里感受不到亲人的关爱，每一天都生活在焦虑中，生活中极度缺乏安全感。作为班主任，我努力在校内给予他们更多的爱护，希望他们在学校能感受到来自同学和老师的关心，让他们感受到爱的温暖。

教育感悟 有时，学生的问题可能源自错误的家庭教育，班主任要发自内心关心、爱护学生，让每个学生感受到老师的温暖，学生才能对老师敞开心扉。这样充满爱的集体，做什么事都会成功的。

作者简介 刘丽萍，女，1984年2月出生，学士，毕业于长春师范学院，讲师，从事班主任工作6年。

以爱之灯，点燃希望之火

2015年，我怀着无限喜悦之情承担了2015级商务助理班的班主任工作。新生报到前，我陆续接到了学生们的咨询电话：有的热情，有的莽撞，有的亲切，有的傲娇，但其中一个名叫小岩的同学却给我留下的深刻的印象。还记得报到的前一天深夜，她打来电话，用细微的声音对我说："老师，我下午4点以后去学校报到可以不……"她吞吞吐吐，好像有什么难言之隐，这使我感到十分奇怪。因为一般来说，步入新环境的同学往往对校园会向往，对同学和老师充满期待，都是很积极地就来报到，特别是一些家在外地需要住宿的学生，都想早来选择一个好的床位，而家住农安黄鱼圈乡下的小岩怎么会想要晚来？经过一番交流，她又告诉我说父母常年在外打工，不能陪伴其入学，也不能来开家长会。从那时起，我开始特别关注这个孩子。

报到那天，当我看到身体瘦弱的她独自一个人拎着简单的行李报到，麻利地整理自己的床铺时，我心知，这是一个外表羸弱却很独立的孩子。后来我耐心地和她沟通，得知她之所以16点以后来校报到，是因为她上午需要在一家饭店打工，要等到饭店过了中午的忙碌期才能下班，然后赶回家取自己的行李，坐火车赶往长春报到。在与她聊天中，我深刻感受到她好像并不愿意提及她的父母，她只说父母都在外地打工，不能来开家长会。然后还说周六、周日自己也要出去打工赚钱。

第二天开家长会时，她自己默默地坐在位置上，当我讲解完申报助学金的条件后，她也没有任何反应。当要求交申报材料时，她也没有申报，但我感觉她家里应该是比较困难的。中午休息时，我单独将其找到办公室，耐心细致地询问她的家庭情况和她对申报助学金的理解，自己条件是否符合，想不想申报等一系列问题。她开始时什么都不想说，可能是我的话语打动了她，她抬起湿润的眼睛，看了我好久，怯怯地对我说："老师希望你替我保密。"然后她从兜里拿出两个证件，犹豫了一下又放回去一个，然后递给我一个绿色的证件，我打开一看是她父亲的残疾证明（肢体残疾）。我问她放回去的是什么，她说一个就够了，后来很不情愿地给我看了母亲的残疾证明（智障），她还一直和我说别让别人看到，那一刻我感到她内心的自卑。在安慰她之后，我私下里和她父亲通了电话，想了解她更多的情况。她的父亲，实际上应该称其为继父，从小把她养大，为生活所迫一直在黑龙江边远的小镇打工，而家里平时照顾母亲、料理家务都是由小岩自己独立完成的，她承担了一个不应该她这个年龄的孩子承担的责任。作为老师，我既心疼她，又折服于孩子的这种承受磨难的勇气，我想要把她独立的优势放大，更主要是想消除她的自卑心理。于是，在我帮助她申报助学金后，我就不断鼓励她参与班级各种活动，不断锻炼她的性格。在学校运动会中，她积极踊跃地报了很多的项目，因为她非常瘦小，另外刚入学同学之间还都不太了解，同学还都怀疑她报那么多项目能不能行。我询问了她，她当时也很不自信，只是说她肯定能跑下来，但是能不能拿到名次不一定。我鼓励她说："没关系，我们重在参与，只要你能坚持下来就是胜利。"结果，运动会上她得了200米和400米个人第一，参加的班级两个接力项目也获得第一名。原来她是一名运动健将！运动会上她瘦小的身躯成为赛场上的最大亮点。当同学们为她鼓掌时，她非常高兴。通过这次运动会，我鼓励她，每个人都有自己的长处，你要把自己的长处发挥出来，对自己要有信心。根据她的特长，我鼓励她参加学校体育队，因为训练时间和她打工时间有冲突，开始她不太想参加，因为她必须要利用周六、周日还有课后时间赚生活费，后来经过我和教练员的反复开导和劝说，她愿意参加训练。为了不影响打工，她克服困难利用早上和中午休息时间刻苦训练，最后在长春市运动会中取得了两个第一名，两个第二名的好成绩，为学校争得了荣誉，为自己增强了信心。

通过平时的观察，我发现她是一个口齿伶俐、思维敏捷的孩子，因为她自卑的心理，所以她做什么事情都不自信，甚至她觉得她的名字特别俗气，她让同学叫她兰雪，她还把我打印给任课教师名单上她的名字都改成了兰雪。这个孩子还特别敏感，如果你正经找她谈话，她就会想很多，我就通过课间在班级时和她闲聊，问她名字是谁给起的，她说她爸起的，她爸也没文化，就随便起的。我说："你爸虽然没有文化，但这名字起得非常好，你爸爸在名字上对你寄予了很大的希望。"她疑惑地看着我，我说："你虽然是女孩，但你爸爸希望你能像岩石一样，做一个坚强、光明磊落、堂堂正正的人，希望你能像男孩子一样撑起这个家庭。每个家长在给孩子起名时，都不是随便起的，都对孩子寄予很大的祝福和希望。你看我的名字是不是更俗，我爸爸给我起名时希望我能长得秀气、美丽，能有像梅花一样坚强和高尚的品德。”听我这么说，她不好意思地笑了。接着在班级的口才公开课中，我鼓励她积极参与，发挥她口齿伶俐的特点。她在介绍自己的名字时骄傲地说：“我爸爸给我起这个名字，就是希望我能像岩石一样，做一个坚强、光明磊落、堂堂正正的人。”渐渐地，兰雪这个名字在我们班消失了。

通过这些活动，她渐渐找到了自信，能正确地认识自己的不足，也认识到家庭环境并不重要，重要的是要拥有一颗敢于直视生活磨难的心。只要努力生活，日子会越来越好的。

教育感悟 用爱心当太阳，用汗水当雨露，细心呵护，幼苗一定会长成参天大树，这是班主任工作的乐趣。

作者简介 刘秀梅，女，1975年6月出生，硕士，毕业于东北师范大学，高级讲师，从事班主任工作5年。

灵魂洗礼

我承认，教育孩子、教育学生，对于成人来说，是一次灵魂的洗礼。

“眼泪，是心灵的河流，为感悟而感动，为感动而使人生价值有所升华，这难道不是另一种生命美景?”

生命中有很多感动，它们幻化成旅途上的点点星光，指引人找到良知的归处，找到生命的真谛。

初见学生们，是我刚来到一个“特殊教育”学校。年纪轻轻的我，自己好像还是个孩子。下课铃响了，一群孩子冲出教室，看到我的时候，都停下来，鞠躬，喊“老师好!”眼神中有尊敬和惧怕。

那一瞬间，我突然感到肩上有了重量，是责任！是身份带给我的权利和义务!

再见他们，是在这个学校上的第一堂课上了，同时我也正式地成了他们的班主任。他们一脸稚嫩，痞气十足，大多数人都张望着。张望什么呢？他们想知道，这个老师上课严不严？讲课什么风格？留不留作业？这个新班主任是什么样的风格？好不好打交道?

几天的接触，几堂课下来，我发现，根本无法按照普通的方式上课和开展班级管理。每堂课，任课老师维持课堂纪律要10分钟，讲解知识点之后，需要再花10来分钟维持纪律，还要时不时叫醒睡着的学生。

下班之后，我就在反思：是不是现在的课太无聊了？学生们早上要起很早，下午还要练武术，在没有考试和升学压力的前提下，如何确保学生上课不睡觉？怎样才能让他们牺牲“宝贵”的睡觉时间来听“看似无用”的文化知识课?

灵魂洗礼！没错，每个孩子都是一个小宇宙，他们有自己的世界，渴望被理解，渴望被探寻，也极度想要表达自己的想法。

那么，课上进行适度的引导，可能会起到意想不到的效果。有了这个想法后，我决定先在自己的课上试行。

但是，马上就遇到了强大的阻力。因为我的学生们根本不听课！我设置的问题如同石沉大海。经过一节课的“自言自语”，尴尬、无奈，甚至气愤，百味杂陈，我第一次在教学之路上感到迷茫和无措。

下课后，外面刮起了大风，天很昏暗，就像我此刻的心情。我坐在办公室沉思了好久，一次次提醒自己：“你是大人，是个人民教师，孩子交给你了，班级交给你了，你必须想出办法!”

于是，我开始整理思路，收拾好杂乱的情绪，和每科的任课老师交流，去寻找突破口，首先以身作则，重新用自己的班级试点，用自己的课去“实践”。

学生们除了喜欢看影视作品，还对故事性强的东西很感兴趣。我把每节课的知识点列出来，重点必讲的放在前面，次要的放后面，中间一段时间合理拓展。在分析讲解知识点的同时，尽量多多引申出各种激发兴趣的小故事，中外的、古今的，听说的、亲眼所见的，就像学生写的作文一样，花样百出。

比如，一次讲解地理知识时，讲到了四大名著之一《水浒传》，学生们的兴致立刻就来了。但如果只讲他们已经知道的故事，那这堂课势必是失败的。不如在讲“青面兽”时，引出他的祖辈杨家将、始祖杨令公，甚至顺带着讲了一下跟杨令公有关联的“倒吊和尚”的故事。

班里最喜欢捣蛋的孩子听得瞪大了眼睛。我在心中暗喜：原来，孩子对知识的渴望远远超过我们的想象，他们何尝不想学习，他们也期待着大多数的枯燥知识能够以画面或者故事的形式呈现啊！讲到“倒吊和尚”时，我说：“这其实是一个乳白色的钟乳石，是大自然神奇的杰作，似乎在和人类开一个无伤大雅的玩笑，在这个人型石头的肚子上，居然真的有一个肚脐眼似的形状。”

这时候，在睡觉的学生可能感觉周围都安静了，睡觉的良好氛围被打破了，他起来四下张望，也被这个故事所吸引，迷迷糊糊地提问：“老师，现在还能看见这块石头吗?”

“当然了，虽然我们的地球经历过地壳的快速释放能量过程中造成的震动——地震，但这个景观居然奇迹般完好无损地存在着，就在长江三峡的第一峡——瞿塘峡。有机会可以去看看。"

"嗯！得去看看！"

一双双眼睛在这节课上就再也没从我的身上离开过，他们的眼里有些光芒在闪烁。

我觉得，那是渴望！是对知识的渴望，对下次课的期待，对更多故事性知识的渴望！

在那之后的每堂课，我都会尽量找些他们喜欢的故事吸引学生对本堂课的注意力，调动起他们的情绪，然后穿插着介绍一下知识点。

我相信，在不久的将来，"循序渐进"这四个字能被学生们深刻理解，让他们在不知不觉间丰富自己的知识库。然后，在未来的某一天，这些知识成为他们人生路上熠熠生辉的星光。

班级中有这样一名学生：他是一个有许多恶习的学生，早操、课间操根本看不见他的影子，吸烟、打架永远冲在第一位。有一次，他在校门口吸烟正好被我撞到。当时的他，已经进入了忘我的状态，我过去的时候他还在津津有味地品尝着香烟的味道。我将他带到了我的办公室，他竟然是无所谓的态度。我将他的家长请到了学校，交流了孩子在学校的状态，并且和家长达成协议，让孩子回家，让孩子陪着父母一起出早市，从进菜到卖菜再到收摊，让他亲身经历一回父母的不容易。孩子刚开始的时候认为这是一种乐趣，是一件好玩的事情，但是经过了一周的体验，孩子感觉到了父母的不容易，也意识到学习的重要性。孩子主动回到了学校，并且努力改掉自己的恶习。在这个过程中，每天我都会和孩子的家长沟通、交流，每次听到孩子有进步，我都会很开心。孩子每次回家都会帮家里做家务，帮父母搬菜。孩子毕业的时候，身上的恶习已经改掉不少，并且被推荐到某汽车公司，从事汽车美容的工作。

我不能在你们前进的道路上铺上鲜红的地毯，但可以见证你们生命的每一次拔节，就像蝴蝶破茧而出，飞向幸福而美丽的人生。也许这是我能够带给你们的最珍贵的东西。

没有爱，是没办法在教育这个行业快乐生存下去的。而有了爱，就会发现每一次跟孩子们的对视，都是一次灵魂的洗礼。我不想让他们把对抗外界的力量都用来对抗自己，想让他们乐观、向上地过好每一天。

也许，做教师会很累、会心碎，那也是因为，你在用大爱浇灌生命，你在用灵魂洗礼灵魂。

教育感悟 在教育的过程中，虽然会遇到各种各样的难题。只要心中怀揣着一个信念，那就是“一个也不能放弃，一个也不能少，育人先治愚”。用灵魂洗礼灵魂，用身体力行去感染一个班集体。

作者简介 李竑逵，男，1993年12月出生，学士，毕业于吉林大学，助理讲师，从事班主任工作2年。

五百年前是一家

2015年的深秋，一个平静的周末夜晚，睡意正浓的我被一阵急促的电话铃声叫醒，是我们班的孩子打来的："老师，我们寝室有三个人吃坏肚子去医院了，有咱班的小广。"我急切地问："他们在哪吃的东西？吃的什么？是学校的食堂吗?"孩子说："二班的两名同学是在校外吃的，咱班的小广吃的是从家带回来的泡面，他不是特别严重，就是胃很不舒服，寝室老师担心，所以让他和那两名同学一起去医院看看，二班的班长带着他们一起去医院了，老师你不用担心。""哪个医院呀?""好像是吉大二院。""那你把二班班长的电话号码给我发过来。""好的，老师。"然后我给二班的班长打电话确认了一下医院的位置，马上穿上衣服下楼打车奔向医院。我到了医院，孩子们刚挂完号，正准备去找大夫看病，孩子们看到我很开心，我带着他们去大夫那问诊。大夫询问了二班的两个孩子后让他们先去验血，等化验单出来再决定如何处置，轮到我班的孩子，医生询问他哪里难受，他说胃难受，医生往他的胃上一推，刚想问问是不是那里不舒服，小广当场就吐了，吐了好几口，医生马上给他开了化验单去验血。我和二班的班长帮着收拾了一下被吐脏的地方后，带着小广去验血。小广坐在验血的地方抬头看着站在他身后的我，问："老师，能不验血吗？我晕针，害怕。"我马上安慰他："必须验血，大夫才能确定是哪里出的问题，才知道应该怎么治疗。别怕，老师在这。我给你挡上，你不看，也不要紧张，越紧张就会越疼，放松。""嗯。"我用一只手挡在他的眼前，一只手搭在他的肩膀上。验血结果出来了，小广的化验单显示他的胃有些发炎，另外两个孩子没什么事，大夫给开了止泻的药，给小广给开了消炎针和消炎药。我去窗口取了药，小广也躺在了小床上准备吊水，还好一次就扎成功了。我让班长带着另外两个孩子赶快回学校，也跟寝室老师通了电话，说有三个孩子马上回学校，我班这个孩子我陪他吊完水就把他送回学校。安排好那三名孩子，我回到小广身边。他小脸蜡黄，打针的手冰凉，我一手给他捂着手，一手握着点滴的输液软管，希望药水尽量暖和一些。就这样，打完点滴已经是后半夜两点多，我把小广送回学校后才回家。

我没给小广的家长打电话，因为他的入学资料上显示他生活在单亲家庭中，开家长会的时候是姑姑来开的。姑姑对我说，他的父母都不在孩子身边，打工去了，平时就孩子自己在家。姑姑家里还有一个要高考的女儿，她只能照看一下小广。我当晚就没有给他姑姑打电话，准备第二天打电话告诉她一声。第二天早上，小广的姑姑主动给我打了电话，说谢谢老师，说下次小广回家把医药费给我带回来，然后才具体说了一下家里的情况：小广父母很早就离异了，母亲早就不知道去了哪，爸爸一只眼睛残疾，在外地打工。了解了真实的情况，我告诉小广的姑姑，像小广这种情况可以拿着相关证明申请助学金，给家里减轻负担。

小广平时在班级从不吱声，有时候和几个同寝室的孩子一起玩玩手机游戏，是我见过他最活跃的时候。从这次事件以后，我对小广多了一些关心，平时学校发给我们一些日用品，我就把住在学校的学生们叫过来，送给他们，说老师就自己一个人在长春，这大桶洗衣液我用不了，你们一起用吧。平时，我还不经意地让小广做一些小事情，锻炼他的人际交往能力。一学期下来，小广开朗了很多，而且是我班最有礼貌的孩子，见到所有老师永远第一个问好，遇到班里值日工作，他每次都是他们组第一个干活的人。他对我的感觉更亲近了，每次周五回家，都会到我这问一句："老师你下午有啥事吗？没啥事我回家啦！"我交代给他的所有事情他都能很好地完成，学校的生活中有小困难，他也会私下向我求助。第二学期开学初的家长会，小广的爸爸赶回来参加，并当面向我表示了感谢。

针对单亲家庭的孩子，班主任在教育的过程中应给予其更多的关爱和照顾，过分关心和照顾会让孩子更自卑，所以应适当关心和照顾，而且应和监护人多联系、相互沟通，共同给予孩子关心和爱护，帮助孩子树立自信，融入班级的大集体。

我还一直记得，在开学初第一次点名的时候，点到小广时我说的一句话："下面这位同学和我一个姓氏，我们五百年前是一家呀！"

教育感悟 面对这些缺失完整家庭之爱的单亲孩子，班主任要做的工作会非常细致和琐碎，我们不但要投入自己的全部爱心，用真心实意去帮助他们渡过每一个艰难的阶段，而且要用真情去打动家长，和家长共同努力打开孩子沉重的心理枷锁。

作者简介 杨惠雯，女，1990年2月出生，学士，毕业于长春师范大学，助理讲师，从事班主任工作4年。

一封未寄出的情书

我很荣幸，因为我从事的是太阳底下最光辉的职业。更幸运的是，我这几年一直担任班主任工作。在班主任生涯中，有辛酸，有喜悦，有成功，有失败，有诸多说不完的故事。

一大早，我就被一阵刺耳的电话声叫醒："老师，您快帮帮我吧，我真的不知道该怎么办了。我在小鹏的房间里发现了一封写给一个女孩的情书，小小的年级就开始早恋，这下子孩子不就完了吗？"这又急又气的语气实在和小鹏一向斯文的母亲的形象对不上号。我对她说："你把那封信不动声色地放回去，给我点时间，让我想想怎么办。"挂断电话，我心里泛起了嘀咕：这封信是写给谁的呢？是否会影响孩子的学习？应该怎样正面引导这个优秀的孩子呢？小鹏同学阳光、帅气，成绩优异，弹一手好吉他，刚刚率领我班的球队夺得我校的篮球比赛冠军。我一直思索着解决方案。

他是周一的值日组长，当所有的值日生都走出教室，我抓紧时间走进教室和小鹏聊了起来。"好干净的教室啊！窗台上的这盆榕树你们照顾得太好了，你是怎么照顾它的呀？"小鹏露出得意的笑容："老师！榕树喜欢阳光，必须把它放到窗台上，同时他喜欢潮湿，需要多浇水，还要定期给榕树施肥。"

我顺势说道："爱情就像一棵小榕树一样，它的成长需要阳光、雨露、肥沃的土壤、精心的呵护。而这些，身为中专生的你们根本给不起。因为爱情的基础不是金钱，而是时间和精力。如果你是一个有责任感的人，不用我说，你也应该知道，中专这三年的时间你的精力应该放到哪里，就算你已经有十足的把握能顺利参加工作，你能确保不会影响对方的人生轨迹？你能确保你给她的就是她想要的人生？我对爱的理解就是，爱一定要促进彼此的成长，要让彼此比想象得更优秀。如果因为你的这份"爱"，使两个人不能在合适的时间全力以赴做合适的事情，而遗憾地错过了人生应有的高度，那就是对爱的亵渎，那最好请你收回这份假冒伪劣的爱。”他低着头，若有所思。我接着说道：“小鹏，你是老师最得力的助手，是我们班的方向标，我相信你一定能把握好方向，让这个集体因你的正确选择而更加明朗。”说完这些话，我不再看他的反应，轻轻起身，静静离开了教室。

我多次和小鹏沟通，对孩子进行“爱情教育”，让孩子明白在青春期对异性有好感，这是非常正常的事情。这说明孩子长大了，不再处于对男女关系无知的状态中，对自己的性别有了认同，对异性也产生了强烈的认识欲望，这与寻求数、理、化的知识没什么两样。青春期的恋情是人类的一种正常需求和人生认识的一个过程，但是在交往中要尊重对方的人格，真诚交往，相互学习，相互帮助。在多次的聊天过程中，我对小鹏有了更多的了解。慢慢地，小鹏的态度有了些转变。

有一天，在我的办公桌上赫然躺着一个信封，里面放着一封信和一张纸条。小鹏对我说：“老师，我一直犹豫要不要把信给她，直到那天你让我明白爱情的真谛，我决定保留那份感情，为将来而努力学习。”看着纸条我心生温暖，这沉甸甸的信封里装着孩子宝贵的信任，装着一个令人欣慰的骄傲的选择。著名教育家赞科夫说：“教会学生思考，这对学生来说，是一生中最有价值的本钱。”“爱情”这棵脆弱的小榕树需要社会、学校、家庭共同来呵护，才能让它美好的青春绚丽绽放。

如何对待孩子们的早恋？如何引导男女生的正常交往？这确实是一个值得讨论的话题。老师和家长又该如何帮助孩子顺利度过青春期，帮孩子破解这纯纯的“恋情”难题呢？我对这些年的工作经验进行了一些整理，希望能给老师、家长们一些启发。第一，不要“一刀切”，极端反对可能会让孩子的人生受挫折。第二，要尊重学生的心灵，要尽可能站在学生的角度理解他们。第三，我们的教育应该走在学生情感发展的前面。优秀的教师，不应该仅仅在问题出现后才不得不充当消防员，而应该主动充当引导学生前行的领航员。因此，我们要在学生还没有出现“朦胧情感”之前，就主动对他们进行爱情教育。第四，要把爱情教育视为人格教育不可分割的组成部分。第五，帮助学生树立高远的志向。爱情虽然是美好的，少男少女之间的爱情更是纯洁的，但我们要让学生明白，在这个年龄阶段，自己最该做的事是什么，进而做出明智的选择。第六，要引导学生做自己感情的主人。作为老师，我们不可能随时守着学生，更无法干涉他们的内心活动。所以，关键是要让学生自己随时提醒自己，随时用高远的志向战胜自己。

通过处理这件事情，我对教育方法有了一些新的体悟。人最微妙的一个本领，就是善于爱。爱能打开人身上最隐秘的源泉，爱也有可能把孩子的心变成干涸的荒野。这一切都取决于相互间的关怀和相互间的爱。作为孩子们的班主任、大朋友，在工作中我一定要常常与孩子接触，用一言一行、一举一动来影响孩子的心灵，来搭建师生心灵之桥。只有这样，才能更好地完成教书育人这个目标。

教育感悟 教育不仅仅是良心工作，更应该是多角色工作，我们应该时刻牢记这样的信念，学生的需要就是我们工作的内容，教育工作要做到：为了学生的一切，一切为了学生。

作者简介 武雷蕾，女，1984年3月出生，学士，毕业于长春师范大学，讲师，从事班主任工作9年。

打开心扉，在沟通中读懂孩子

班主任工作是一项光荣而艰巨的工作，担任过班主任的教师都会有深刻的体会，因为我们摸索过、探求过、失败过、成功过。我也是班主任中的一员，感受很深刻，班级管理千头万绪，学生思想瞬息万变。特别是我们中职的孩子，个性张扬、思维灵活。作为中职学校的一位班主任，更要善于洞察学生的心灵，摸清学生的心理特点，了解他们的内心要求。

还记得我刚刚参加工作担任班主任时，经常扮演“严师”，认为这样就可以有威严了，能让学生敬畏三分，直到发生了一件事情让我改变了对班主任工作的认识。那是一次家长会过后发生的事情，让我几天都很难平静。李同学是我们班的生活委员，家住桦甸。他在班级的表现很好，不太喜欢表达自己，非常朴实。班级的垃圾桶比较大，而且班级人数也较多，如果不经常刷，味道就会很大。作为生活委员的他，不需要老师的安排，会主动把垃圾桶刷干净。期末要开家长会了，我打了电话给家长，通知他们来开家长会。家长会如期举行，李同学的家长也按照学校的要求来参加会议。但是在家长会过后，李同学却来质问我，为什么他父母住这么远，还来开家长会，并说了很多难听的话。这件事情让我觉得不可思议，我认为我所做的工作没有问题，难道家长会不应该让家长来参加吗？作为老师的我当然要保持老师的威严，我严厉批评了他。就因为这件事情，在之后的一个学期，他的表现很不尽如人意。我也逐渐反思我的行为，看来有必要从根本上解决我们之间的问题了。正巧，赶上了一个假期，我找了个机会去桦甸，也就是李同学的家，到桦甸票价是52元，我坐了三个多小时的车，买了些水果到了那，按照电话里的提示走进了一个弯弯曲曲的小巷子，进入了一片平房区。当我走进他家的瞬间，真的是不知道坐在哪、站在哪——很小很小的房子带着一个小院子，还有一个卖豆腐的车子，屋子里横七竖八地放着几张床，还有一张小桌子，基本没有可以站的地方。他的父母非常朴实，很热情地招呼我坐下。经过了解，我才知道他妈妈凌晨2点多就起来做豆腐，爸爸4点多就要出去卖豆腐，白天回来还要准备第二天的东西。家里还有一个哥哥，今年参加高考，家里的经济来源全靠卖豆腐。父母不仅要供两个孩子上学，还要维持生活。我突然理解了孩子的气愤，52元的车费可能是一家人几天的生活费用。回到学校，我和李同学谈了好久，站在他的角度承认了我的错误，打开了我们的心扉。从此，我经常在生活上帮助他。三年的学习生活过去了，他就走上了工作岗位。后来，我得知哥哥考上了哈尔滨工业大学。现在的他已经成立了自己的广告公司，为人父、为人夫，并且通过自己的努力在桦甸给父母买了商品房。现在的我们更像是朋友。

古人云："亲其师，才能信其道。"《与元九书》中说："感人心者，莫先乎情。"我们所面对的学生是有人格尊严、有思维、有情感的人，"情"的投入是教师工作的内在要求，情到深处，学生的内心世界就会向你敞开，他有话愿意和你交流，有困难愿意请你帮助，有苦闷愿意向你倾诉；你的"爱"他能领悟，你讲的道理他能接受，你指出的缺点他愿意改正，从而产生强烈的情感效应。从那以后，我开始着手改变自己，一点一滴地拉近与学生心灵的距离，打心眼里关注他们，关心他们，遇到问题不再是呵斥他们，而是先站在他们的角度看问题，给他们发言权。

还记得我曾经带的装潢班的学生，他们中的很多都是没参加中考或者往届的学生。我们班就有一个特别的男孩，他的年龄比同龄孩子要大3岁，而且在社会上工作过2年，不良社会习气很重。有一天，一个陌生的电话让我不知所措，是派出所打来电话让我赶紧去保学生。我打车快速赶往，心里不断地告诉自己，等一会见到他的时候一定要好好批评他，还敢打架，就知道给我找麻烦。后来，我得知他不是为了自己打架，而是因为我们班级的一个比较小的男孩在寝室受到其他班级同学的欺负，他为了帮助自己班的同学对别人大打出手。本来我还满肚子的怒火，突然被感动了，见到孩子的一瞬间，我不但没有责备他，反而要带他去吃饭，同时和派出所商量我们自行解决，尽量不给孩子留下人生的遗憾。孩子看见我不但没有呵斥他，反而要带他去吃饭，立刻流下了眼泪，说："老师，给你添麻烦了，对不起。"从那以后，他不仅成了我们班的班长，学习成绩也进步了不少。毕业之后，他找了一份合适的工作。虽然他毕业了很多年，但每年过年他都会来看看我。这是作为一名老师最大的欣慰。

通过这件事情，我知道作为老师要打心眼里关心学生，真正为学生着想，给予学生实实在在的关注，把老师对学生的爱心踏踏实实地体现在每一个细节上，一点一滴地拉近与学生心灵的距离，得到孩子们的信任，真正成为他们的良师益友。

班级里那些有困难、性格有偏差的学生，更需要老师正确引导，帮助他们树立学习的自信。沟通是了解孩子的心理最有效的方式之一，学生们每天都会获得很多的信息，他们需要把这些信息与周围人交流，从而获得理解和温暖。苏联教育学家苏霍姆林斯基说过：“如果学生不愿意把自己的欢乐和痛苦告诉老师，不愿意与老师开诚相见，那么谈论任何教育总归都是可笑的，任何教育都是不可能有的。”通过和学生的沟通，老师可以及时把爱传递给孩子，并深深地在孩子心里扎根，这样对学生的教育才会有效果。

教育感悟 班主任工作看似琐碎，但实际上是一个整体，是一个系统，这个系统中存在着一些“牵一发而动全身”的相互关联的核心要素。只有抓住这些核心要素，才能让我们的班主任工作做得更有实效、更专业、更出色。我认为班主任的工作就应该做到“勤、严、细、实”：勤到班级看看、勤记录、勤总结，严格要求学生，在学生初入学时就应把班级的起点定得较高，仔细观察班级学生的动态，每项工作都要落实，并且要有头有尾。同时，要把重点放到学习上，“以学习型组织为管理思想，以人文关怀为落脚点”，系统做好班主任工作。

作者简介 胡颖，女，1981年5月出生，学士，毕业于长春师范大学，讲师，从事班主任工作8年。

沟通是心灵的开放

周五下午是全校大扫除的时间，当我到班级时，劳动委员拉着我诉苦："班级有一名同学不服从安排，不扫除就走了，平时也不值日。"我当时很生气，拿起电话打给他，我说："马上回来值日。"他说："我都出来了，怎么回去?"我说："坐车回来。本来人就少，其他同学还要干你那一份活。"他挂了电话不再理我。我顿时火冒三丈，马上给他父亲打电话，愤怒地说了过程："我当了这么多年班主任，还没人敢挂我电话呢。我不是告状，是通知家长，这样的学生我班不留他。"他父亲当时在北京，一直向我道歉。慢慢地，我冷静了下来，每一个孩子在成长过程中遇到难以驾驭的困难时，如果得不到正确的引导，很容易留下后患。老师应以教育孩子为主，教育的重点在于培养学生，要让学生通过参与班级的管理得到锻炼，提升自己的能力，学会与人沟通，学会理解包容别人，理解感恩的意义。我想了想，说："生气归生气，还是要给他改正错误的机会。这样，咱俩统一口径，就说开除他。我想知道他对上学这件事在意的程度，让他有危机感。一个人如果没有敬畏心，什么都不怕，那太可怕了。"家长满口答应了。

他父亲很配合。当天晚上，那名同学打来电话道歉。我说："不用跟我解释什么。事情做错了可以改，但是你的态度让我寒心，你的行为说明你根本不在乎老师。那我也没必要在意你。你本来也是从别的班转来的，也不涉及开除的问题，哪来回哪去吧。"说完，我明显感到电话里的声音紧张起来。他再三解释，我说："今天太累了，明天再说吧。"他知道我说话一向简短，便不敢再说什么，其实我是有意磨磨他的性子。

我们每一位老师最应该重视的是教育的"育"，在与学生沟通时要本着爱而不溺、碰而不伤、痛并能思的原则，不能将其随意化、简单化，甚至避重就轻，化大为小，那样不但不能很好地帮助孩子解决问题，还容易伤到他们的心灵。放下电话，我给孩子的爸爸打了一个电话，嘱咐他正确引导孩子，注意他情绪的变化，我说："容易得到的，通常不被珍惜。这一次，我想让他明白，一个人要为自己的自私、任性付出代价。家长再疼孩子，也不能照顾他一辈子，真正爱他就教会他做人的道理。这样，他们未来的路才能走得远。"孩子爸爸说："老师，我懂，我一定配合学校。"

第二天，他又打来电话，我听出他有点害怕了，我说："你是后转来的，老师和同学从未排挤你，把你当成班集体中的一员。你平时肯定也不值日，不然同学也不会因为这一次大扫除对你有这么大意见。每次你值日的时候，应该你干的活同学们都替你干了，也没跟我反映，对这样的同学、班级，你连一滴汗水都不愿意洒吗？再说老师根据你的兴趣为你选择了烘焙专业——学校开设了这门课得另外付课时费给教师，我也可以让你去石雕专业——学校不需要另外付费。我看你很喜欢烘焙专业，我也觉得在未来的生活中，这个专业可能更实用，更容易找到工作。还记得你刚来时跟不上学习进度，没有书，老师为你补课借书。你才来上学时，有时迟到，班级被扣分，同学们都有意见，老师苦口婆心找你谈了多少次，你就这样对待老师？唯我独大，不知道感恩，这样的人是不是有点过分？"我继续说，"在生活中，很多时候个体是很难成事的，你们每一个个体在一起才能是一个和谐、融洽的集体，性格不同却能团结合作，发挥每个人的长处，像你们做蛋糕，有人称物料，有人打面，有人负责看烤箱，才会做出香喷喷的食物。独木难成舟，一个人太自私不管别人，在你需要别人的时候，不会有人在你身边的。未来的路那么长，老师可以给你机会改正缺点，将来你工作的公司会给你改正的机会吗？铅笔写错的字可以擦掉，油笔写的就擦不掉了。有些错误是无法弥补的，将来走上工作岗位，明明犯错在先，还这样任性，这么不计后果，可能失去的是工作啊……"

刚才应付的声音听不见了，一个轻轻的声音说："老师，我错了，真心感觉自己错了。我没想这么多，你这一说，我觉得给老师添了这么多麻烦，我还这么和你说话，太不对了，老师给我一次机会吧。我愿意在全班同学面前道歉，自愿的。"

根雕以精美的造型，巧妙的加工受人喜爱，然而，根雕的前身是什么？是生于荒野的树根。我们就是精心雕刻树根的艺术家。

教育感悟　班主任工作在学校教育活动中有着举足轻重的作用，我希望自己是一名智慧的、有责任心的班主任，在这平凡的岗位上，我始终秉承着这一信念：真诚对待他们、理解他们，帮助他们树立正确的人生观。每个孩子在成长的过程中都有迷茫，也会偶尔犯错误，他们就像一艘小船，老师就是舵手，指引他们朝着理想的方向航行，让孩子们如花的青春顺着我们手指引的方向顺利远航。

作者简介　侯佳君，女，1969年11月出生，学士，毕业于东北师范大学，高级讲师，从事班主任工作23年。

怒放的生命

2017年秋季开学，我带着期待、兴奋和忐忑的心情走上了班主任的工作岗位，开始了我的班主任生涯，开启了我痛并快乐着的园丁生活。

开学第一天，我就注意到了她——一头烫染过的短发，穿着破洞的衣服，满手的饰品，在一群青春稚嫩的脸庞中格外显眼。这就是我对小倩的第一印象。“这孩子别是个刺儿头吧？”我在心里这样想。让我吃惊的是，她在军训中表现得很好，训练认真、团结同学、遵守纪律，看到这样的她，我陷入了深深的自责中——这哪里是一个合格班主任该有的想法，凭借一个学生的外貌就去判定一个孩子的品行？我真的是太主观、太武断了。军训转瞬即逝，新的学期开始了，而我和她斗智斗勇的日子也拉开了序幕……

吃 零 食

“指数函数及其性质都是什么呀？”数学老师在讲台前讲着习题，我从班级门口经过，一个歪头趴在桌子上的身影吸引了我的注意，接着，一团泡泡出现了，天呀！小倩侧过身趴在桌上，嘴里在吃泡泡糖，我三步并作两步地走过去，把她带出了教室。一顿说服教育后，她保证再也不在课堂上吃零食了。是的，她没有吃零食，但是……

玩 手 机

课上，大家都在认真地练习，我走过去查看同学们的进度。突然，一道光亮吸引了大家的注意，小倩涨红的脸颊、慌张的眼神出卖了她——她在玩手机。我走过去，把她叫到走廊里，一番询问后，狠狠地批评了她，在我的语言攻势下，她的头渐渐地低了下去……

戴 耳 环

“十一”假期结束后，师生见面分外开心，大家都在叽叽喳喳诉说着自己假期的见闻。我发现小倩一边用手抚摸着耳垂，一边眉飞色舞地和后桌的同学说着什么。我定睛一瞧，哎哟！她戴了一对超级夸张的耳环，随着她讲话情绪的起伏，一晃一晃。唉！又来了新问题……

玩 失 踪

一天，班长气喘吁吁地跑来：“老师，咱班上体育课丢了一个人，到处找都没有！”“谁呀？”“小倩。她中午和同学说不想上学了，活着没啥意思了，刚刚下楼的时候还在，突然就不见了。”没等班长说完，我冲到楼下的监控室，到处找小倩的身影，可是监控处于调试阶段，还不能查看。我的心提到了嗓子眼儿，食堂、操场、小黄楼、超市、教学楼，一个地方一个地方地看，一层楼一层楼地找，担心、恼怒、着急各种情绪充斥着我的大脑。我一边找一边祈祷：小倩只是一句气话，她是不会做傻事的。就在我要崩溃的时候，小倩出现在我的视线中，她拿着一本小说坐在五楼侧楼梯的角落里，安静地看着，一幅岁月静好的样子，让人不忍打扰，而我已经浑身瘫软……

就这样，按下葫芦浮起瓢，小倩每天都能给我出不重样的难题。而我，通过失踪事件已经意识到，这个孩子已经不是没有好的行为习惯的问题，她的病症在心里。我给小倩的妈妈打了电话，她妈妈在电话中明确告诉我，她对孩子没有什么要求，只要孩子不再提不念书了，他们就别无他求了。要是小倩能平安地度过这三年，那他们全家真是烧高香了。

说实话，这是我第一次当班主任，第一次遇到这样的家长，小倩妈妈的最高要求就是我的最低标准。我无数次问过自己，对于一个家长都已经放弃的孩子，你还有什么要求？但是，我脑海里始终忘不掉小倩说过的话：“我也有梦想，但是不想说给爸妈听。”她说话时那决绝、失落而又忧伤的表情在我脑中挥之不去。

我反思总结，对于学生，我不能只是批评教育他们，应该对症下药，这样才能保证“药到病除”。通过对学校里小倩初中同学的了解，我知道她父严母慈，母亲每天上班，没时间管小倩，父亲在外开货车，一个月也难得回来一次，但是对小倩的学习要求很高。因为小倩的中考成绩不理想，小倩已经多次遭到父亲的打骂，甚至去谢师宴上把小倩抓回家。母亲的不管不问，父亲的暴打毒骂，这些都是压在小倩身上的枷锁，而我不想让她这朵小花飘摇在风雨中。

真诚是最好的沟通技巧。我与小倩在学校的操场上促膝长谈了一番，我知道，让这样的孩子打开心扉绝非易事，我想和她进行一番平等的对话，我不再是老师，她也不再是学生，我不想说教，也不想批评，只是静静地做一个倾听者。那次小倩和我说了很多，她之所以厌学，其实是因为父亲给的压力大，加上之前初中基础薄弱，文化课学起来感觉吃力，又是一个新的环境，难免有些孤单……我就像一个树洞，接收了她的秘密，我知道信任已经在我们之间建立。“白日不到处，青春恰自来。苔花如米小，也学牡丹开。小倩，这首诗送给你，希望你也能绽放属于自己的生命之花。”

后来，利用家长会和业余时间，我与小倩父母进行了多次沟通，逐步让他们认识到原来那两种极端的沟通教育方式是错误的。同时，我每天都给小倩额外留作业，单独布置，单独检查。渐渐地，我发现小倩不迟到了，还能主动帮老师擦黑板，能按时完成作业了，能主动帮助同学搬桌椅了，以前那个班级的边缘人不在了，她脸上的笑容多起来了，一切都在悄然变好。

终于到了期盼已久的运动会，女子800米长跑项目始终没人报，大家都怕坚持不下去——在全校师生瞩目下退下来，实在是丢人。就在体育委员焦头烂额的时候，小倩举手报名了，全班轰的一声，掌声雷动，尖叫声、欢呼声此起彼伏，“你太厉害了！”“佩服佩服，有勇气！”“女汉子！”我看到小倩的脸红了，眼角神采飞扬。

800米长跑比想象中还要长，班级同学声嘶力竭地为她加油，小倩双手叉腰，艰难移步，边跑还边回头张望，走走停停、停停跑跑：“老师，不行了，我坚持不住了。”“你行的，你一定行，坚持住！”就这样，小倩多次被超越又多次超越，最终像蝴蝶一样，张开双臂，脚部坚定地冲向终点，大家鼓掌、欢呼，女孩子们开心地抱住她尖叫。“老师，我坚持下来了，我成功了！”小倩骄傲地说。我知道，她已经破土而出，迎接春天，奋力开放。

课上，小倩向我展示她的视频作品，一朵花慢慢地开放，一点一点地舒展花瓣，从弯曲到伸直，从稚嫩到成熟，就像小倩一样，焕发出一种向上、顽强、不屈服的精神。过去种种已经成为护花的春泥，花儿悄无声息地怒放，展示着生命的力量。

一花一世界。每个孩子都是花的种子，只是每个人的花期不同，有的花开得早，有的开得晚；有的是一株芬芳馥郁的百合，有的是一株秀丽雅致的文竹。让我细心地、耐心地呵护着这些花朵，经历风雨，沐浴阳光，静待花开。愿每一个孩子都能怒放生命之花！

教育感悟　世界上最坚韧的就是植物的种子，它们无论处于怎样的环境中，都坚定执着，向往阳光，完成生命的使命。就如我们班主任一样，不需要喝彩、不需要注目，牢记使命，不忘初心。

作者简介　姜丞，女，1986年4月出生，学士，毕业于延边大学，助理讲师，从事班主任工作2年。

爱是希望

我拜读过苏霍姆林斯基《给教师的一百条建议》这本书，里面有这样一段话：教育，首先是关怀备至地、深思熟虑地、小心翼翼地触及年轻的心灵，在这里，谁有细致和耐心，谁就能获得成功。这句话给我日后的工作带来了很大的影响。2018年9月，我开启了人生的新旅程——成为一名班主任。初做班主任，我牢牢记住了这句话，教育其实是爱的事业，所以我觉得教育最重要的就是对学生付出爱心和耐心。

在我的第一届学生中，有四位学生在新生家长会时便给我留下了很深的印象。记得他们四个报道当天来得很晚——能看出来，他们在初中的时候就很散漫。他们走路慢悠悠的，四个人坐在一起来回打量着其他人，嬉皮笑脸的样子，穿着很花哨，眼神里却有一种天不怕地不怕的劲儿，一副不屑一顾的样子。我当时就在想：这应该是四个不太好管的孩子。

家长会后第二天，我便带着这群孩子们去参加军训，开始了他们在学校的第一课。带着忐忑和不安，我一直在观察着他们四个人，军训过程中他们四个很顽皮，经常不按照教官和我的要求去做。在训练结束的每一天晚上，我都会对全班同学的表现进行总结，既要说一下问题，又要表扬、鼓励他们，但是他们四个总是站在后面，组成自己的小团队，说着悄悄话。他们四个的行为我一直看在眼里，并没有过多地去制止，我想着再多去观察他们一下。在休息的时候，我也会简单地询问他们几句，了解他们的初中学校和中考成绩以及在初中的班级里是什么样的一种状态。在聊天的过程中，我了解到他们在初中不爱学习，班里调皮捣蛋的事总能找到他们四个。他们有的生活在单亲家庭里，有的父母在外地打工，有的是父母管不住。在聊天中，我发现他们已经把自己定义为“后进生”，他们认为自己就是学习不好，一副破罐子破摔的样子。我突然觉得他们其实并不是真不好，而是缺乏自信，他们需要鼓励和表扬。在训练中，我一直陪着他们顶着大太阳，会不经意地去表扬、鼓励他们，我明显地看到他们从最开始的不愿意到慢慢为了班级的荣誉去努力，他们开始有了一丝转变。

军训结束后回到班级，他们会把我当作朋友一样管我叫“索姐”，我知道他们开始对我有了信任。但是在学习的过程中，他们还是暴露出不少问题，如上课睡觉，不认真听课，对学校组织的各项活动不积极参加，等等，而且不能按照要求认真值日和穿校服。最初我是在班级里陪着他们去做，每天反复督促，我觉得说教还不如陪着他们一起做。在这个过程中教会他们做好每一件事，并且多鼓励他们，他们就会越来越有自信。慢慢地，他们有了一些改变，他们从不爱值日到能去把值日完成，还会很自豪地跟我说在初中的时候没值日过，现在可以把地面扫得这么干净。在学习上，有一名同学开始认真听课，我便拿这位同学去鼓励另外三名同学，告诉他们好朋友是要一起进步的。他们表示也要积极参加活动，为班级的荣誉去努力。

一天，其中一位同学的手骨折了，我陪着他一起去了医院，带着孩子挂号、看医生。说实话，我当时被这个孩子吓坏了，真是让人又气、又恨、又心疼。整个过程中，这个大男生很害怕，一再嘱咐我不要告诉别人他现在这么害怕，担心其他人笑话他。当时我就在想：他们再调皮捣蛋，终究就是一个孩子，时而懂事时而糊涂，大人都会犯错，他们一样也会犯错，真的要多些耐心去慢慢教导他们。最后，家长赶来了，孩子被带回家休养。在送另外三人回学校的路上，有一位同学说：“老师，我都没想到你会管我们，能带着我们来医院。”我说：“当然要陪着你们了。”或许是这一句不经意的话，他们之后回到班级更加努力地去做我要求的每一件事，很少再出现我说他们，他们一脸不服气的样子。受伤的那位同学也在回家休养的时候，给我发微信告诉我：他再来上学时会是一个全新的他。当看到这条信息的时候，我心里充满感动：其实，他们都是心地善良、很渴望被关爱的孩子，当老师真正对他们好，他们会很有人情味地用他们自己的方法去感恩。

到现在为止，他们虽然偶尔会犯错，但我还是会像朋友一样跟他们聊一聊，晓之以理、动之以情，希望他们四个变成一个积极向上的小群体，一起改变、一起进步。我很欣慰他们每一次的改变，这些改变都是为了他们自己能拥有一个美好的未来。

虽然我是第一次做班主任，但因为用心去爱孩子们，看到他们的改变，而更加喜欢班主任这个职业，对日后的工作更加有热情。他们可能就是很多人口中的“后进生”，而“后进生”这个词是我最不愿意说的词汇，听起来会很刺耳，这些孩子就像折断翅膀的天使，有着纯洁的内心，却因为不能飞翔而自卑。从最初对他们的担心到现在对他们的喜爱，我发现没有任何东西比爱更加有智慧，同时爱又很朴实，会培育出最美丽的花朵，这些花朵就是孩子在得到肯定和关爱的时候露出的笑脸。教育并不一定是充满哲理的优美语言，而是我们要对孩子多一点宽容和多一点爱心。每个学生都渴望被关爱、被重视，其实他们都有很强的可塑性，只要对他们付出更多的时间、精力和爱心，他们一定会有所改变。热爱一个学生就是在塑造一个学生，一味批评、嫌弃甚至厌恶都会在无形中摧毁一个学生。所以，有了爱心，才有了耐心，才会有孩子们美好的明天！

教育感悟　“爱”是所有感情的起源，对教育事业的忠诚就是要有爱学生的能力。因为爱才会有理解，因为爱才会有进步，因为爱才会有希望。让我们用爱和耐心去呵护学生们纯洁的心灵，期待他们能够拥有美好的明天！

作者简介　索赫，女，1998年10月出生，硕士，毕业于广西艺术学院，助理讲师，从事班主任工作1年。

秋

爱之收获

秋实硕果

用关爱连线学生的心灵

我作为一名年轻的班主任，每次接手新班，心里总是莫名紧张，有许多的压力和不知所措。我心里总在想，我应该为他们做些什么，才能让他们更好地学习，我应该怎么做才能让他们更好地掌握技能，便于将来的就业。接手这个班仿佛还是昨天的事，转眼间，已经过了大半年。望着一张张熟悉的面孔，大半年的风风雨雨逐一闪过脑海。这是我带的第二个班级。虽然我之前已经教过一届毕业班，但是学生的情况是千变万化的，这就需要我不断地学习，才能够更好地带领他们。

我带的是计算机平面设计专业的班级，在第二个学期的时候班级的运行基本进入了正轨，比第一学期的情况要好很多，尤其是在纪律和卫生方面，学生们基本上已经形成了自觉、自律的习惯。班级的学习氛围在年级中是较好的，但是班级中有个别同学的学习态度不够端正。面对这样的学生，我将他们分成了几类，决心逐类“攻破”。

我班有一位女同学，叫齐。她是班上比较突出的一个，特别喜欢体育活动，是学校的篮球队的队员。她的生活中似乎只有篮球，她在篮球比赛场上的那种雷厉风行令同学们赞叹不已，但是她在学习上的表现可就令我头痛了：各科作业经常不交，上课经常睡觉，可以说是班上学习态度最差的一个。有的时候我放学后看着他们留堂补作业，她不仅不完成，而且常常逃走。每次我在批评她的时候，常常是我还没说上两句，她马上就眼泪汪汪的，我就不好意思再批评她了。她不喜欢专业课，可以说是一听到“画画”两个字就头疼的那种，每次画画都是寥寥几笔便上交给我。面对这样的学生，我曾经想放弃她，对她撒手不管，可是我转念一想，班级里的学生就好像是机器上的零件，少了哪一个都不行，我不能因为她的不合作就放弃她。我绞尽脑汁，想帮她解决学习上的困难。我通过观察发现，要想改变她，必须消除她的厌学情绪。

有一次，她的作业没完成，我打算下午放学后留下她。放学后，我紧紧看着，算是把她留下来了。我没有逼她马上画画，而是询问她为什么那么怕留下来。刚开始，她没有向我说明原因，经过我一番耐心劝导后，她终于向我哭着说："老师，因为我不喜欢画画，我怕画画，画得不好会被老师说，回去晚了又会遭到家长责骂。"当我听完她的话以后，我就对她说："你的学习成绩不好，难道就不怕你的家长骂吗？没有平时的不断练习，什么时候你能画好呢？学习是需要积累的，画画也一样，没有人能一口吃成胖子。为了你以后能生活得更好，你更要好好学习。如果家长看到你不断进步，他们不仅不会骂你，还会表扬你、奖励你呢！难道你不想给家长一个惊喜吗？还有我会向你的家长说清楚你晚回家的原因。我想你家长知道以后肯定不会骂你的。再有，你在篮球场上的那种干劲，为班级、为学校争光的精神，是值得同学们学习的。如果你把那种精神用到学习上来，老师、同学们一定会更喜欢你的。难道你不想吗？"她听了以后流下了眼泪，哭着对我说："老师，我以后再也不这样了。我听你的话，认真学好专业课，学好每一科，再也不逃跑了。"

从此以后，她还真的做到了，有时候还主动找我讨论专业课。平时在她的绘画作业中，能看出她的学习态度认真了。我会在她的每一张画上留下鼓励的话语，还会向同学们展示她的作品，让同学们看到她的进步。通过一段时间的努力，她的各科成绩都有了很大的提升，特别是在专业课上进步飞快。我想她以后会更认真。

总之，只要给予她更多的关爱，我想她会慢慢进步，慢慢提升自己。通过老师的耐心教导，她会慢慢改掉不良习惯。我会时刻关注她的表现，发现问题及时纠正，让她时刻感觉到老师的关心。我相信她会更好！

教育感悟 盘点着自己的工作，有成功的喜悦，也有失败的烦恼；有耕耘的艰辛，也有收获的感动。教育需要爱心，孩子渴望关爱。我以海纳百川的宽广胸怀，去接纳每一位学生，扎实地做好工作，用我最真诚的态度，赢得学生爱戴、同事认可、领导赞赏、家长好评。我将一如既往地潜心于教育，倾情于学生，不断进取，做一位优秀的人民教师。

作者简介　王冲，女，1990年4月出生，硕士，毕业于东北师范大学，讲师，从事班主任工作6年。

为了孩子的现在，为了孩子的未来

古人读书的目的是修身、齐家、治国、平天下，显然是把品行教育放在首位。古人说“行有余力则学文”，进一步说明了古人认为行为能力是学习能力的基础。如果一个人连基本行为能力都没有，学习和读书就毫无必要了。“立德树人”，德为先，首先要教会学生做人，要关注学生自身的成长与发展，这是教育的前提，也是班主任工作的根本。今天利用这个机会，我与各位交流一下对学生实施做人做事教育的一些思考和体会，请大家多批评、指正。

一、引导学生养成好习惯，为学生未来发展奠基

撒切尔夫人曾经说过：注意你的思想，思想决定你的言辞；注意你的言辞，言辞决定你的行动；注意你的行动，行动决定你的习惯；注意你的习惯，习惯决定你的性格；注意你的性格，性格决定你的命运。

1.培养学生的好习惯要从日常管理的每件小事做起。

当新生入学时，我就在想要引导他们——从小事做起，从习惯抓起。因此，从学生军训开始，我就从细节入手，从一点一滴抓起。例如：在学生饮用矿泉水这件小事上，我采取了对每个人固定编号，将编号贴到矿泉水瓶上，按着序号整齐摆放，学生按号喝水，喝完后放回原位，并派一位不能参加军训的同学管理，让场上场下的学生都有事可做。这样既节约了用水，又让学生养成了节俭的好习惯。中午就餐时，我要求学生“光盘”。第一天有两个同学做到了，我在第二天总结时对这两名同学进行了表扬，并且又强调了此举的意义——平时要养成不浪费的好习惯。希望大家向她们学习，就餐时吃多少就打多少，军训结束之前，全班同学都做到了。在军训中有的学生觉得太累，坚持不下去，我就引导他们要坚持，告诉他们：“做事的时候不

是你想做什么就做什么，一定要按规矩、要求去做。只有好的过程，才有好的结果。”军训结束，各排进行汇报演出时，我们六排取得了特等奖的好成绩。只有从细微的小事做起，才能成就未来的大事。对于学生良好行为习惯的养成，会使他受用终生的。

2.培养学生的好习惯，教师要率先垂范。

要求学生做到的，我要先做到，以身作则，带头遵守班级纪律。如发现玻璃没擦干净，尤其是走廊的镜子，我就亲自拿抹布去擦。当发现地面有杂物时，我会亲自捡起来，扔到垃圾桶里，并告诉学生，丢垃圾的人丢掉的是文明，而捡垃圾的人捡回的是道德。班主任这种潜移默化的影响，成效是无穷的。身教重于言教，我时刻注意自身对学生的影响，处处以身作则。

二、建立良好师生情感，为现在的教育打好基础

1.良好的师生情感来源于思想沟通。

亲其师，信其道。我经常对学生说，我们之间有三层关系：一是师生，二是母子，三是朋友。在课堂上我认真传授知识给学生，认真辅导学生，使学生在学习和动手能力上达到预期效果。在关心、爱护学生上我体现了母亲般的慈祥和周到。在课余时间，我像对待朋友一样和学生推心置腹谈心、聊天，这样会更好地了解每位学生，使自己的工作更好开展。这样不仅可以使学生感受到慈母般的关爱，又有来自朋友间的亲密和放松，同时又让学生时刻感受到严师之威。只有这样，班集体的凝聚力、亲和力、战斗力才会增强，师生间的关系才会融洽。学生的学习积极性才会高涨，治理效果才能得到最好地体现。“爱的力量是无穷的”，学生在师爱的沐浴下轻松、快乐地学习、生活。即使他们违反了纪律，老师批评他们时，也要动之以情、晓之以理，更要让他们明白：老师是关心他们、爱护他们的。正是老师的爱才使得这“良药”不苦口，“忠言”不逆耳。

2.良好的师生情感来源于教育方法。

有时候一些不经意的片段，会在师生心中定格成一种感动，这种感动让

凝固的岁月生动起来。我们学校有些学生是在单亲家庭长大的，学生容易养成自私自利、唯我独尊的坏习惯，对父母说话大吼大叫。我将中华传统教育的思想理念纳入学生行为规范教育之中。我在开学初的家长会上讲了我的教育理念和方法，家长一致认同。我把我的理念慢慢渗透到日常教学中，并且安排学生每天在家为父母做一件事。日积月累使学生养成一种行为习惯，同时引导他们形成“百善孝为先”的观念。一次早自习课上，我为孩子们朗读了《孩子，我想对你说》一书中的片段，还唱了《母亲》这首歌，我被歌词感染得双目噙泪，此举使学生很震撼。学生渐渐有了变化，有的家长对我说孩子比以前懂事了。

3. 良好的师生情感来源于彼此真诚相待。

我班一个女生对学习没有兴趣，我就从造型和工艺课上引导她——你不愿意学理论，我就从动手能力上下功夫，手把手教她。通过我逐步的引导，她开始对学习感兴趣。但是，我通过与学生谈话得知，她与同学的交往存在很多问题，比如说挑拨同学之间的关系，爱占别人便宜，搞帮派，等等。针对这些问题，我多次找她谈话。为了不伤害她的自尊，我避开她实质性的缺点，从正面引导她，教她怎样做人，怎样做事，怎样为班级奉献。古人云：“行由不得，反求诸已”。也就是说，出现问题时，要先问自己做没做错，然后再处理事情。一段时间过去后，她有了进步。我在和她的家长谈话时，家长非常高兴地对我说：“孩子这段时间变化非常大，有什么事情她都要先问问你，孩子对我说她有两个妈妈，我是她的亲妈妈，老师你是她的第二个母亲。”的确，她逐渐从出勤到值日都非常自觉、主动，甚至她不是值日生时也主动为班级服务。渐渐地，她与同学之间的关系也缓和了很多。她协助老师为班级做了一些工作，得到了同学们的认可。

教师的人格就是教育工作的一切。对学生来说，班主任高尚的人格是任何力量都不能替代的学生心中最灿烂的阳光，最能引起学生心灵的共鸣，更是一名班主任最难能可贵的品质。

总之，立足班级，时刻为学生的发展着想，心里装着每一个学生，让学生觉得，我在这样的班级里学习很荣幸，遇到这样的老师很幸运，有这样的同学很自豪，我是班级的主人，心里装着班级、装着爱，让温暖在身边，让感激和留恋凝聚心头。作为一名班主任，要为了学生的现在，为了学生的未来不断耕耘。

教育感悟 学生的发展离不开良好情感的培养和习惯的养成，一名优秀的学生必然在行为习惯和师生关系情感的处理上做到游刃有余。一个学生要懂得以德为先，老师要做好为人处世的榜样。良好的行为习惯对孩子的成长是有助推作用的。学生是祖国的花朵，是未来的希望，教师要身正为范，用自己行动去感染孩子、感化孩子！

作者简介 刘凤云，女，1964年7月出生，学士，毕业于吉林工程技术师范学院，高级讲师，从事班主任工作26年。

让每个孩子都自信地存在

“爱”是教育者对学生应有的态度，是教育的灵魂所在。我担任班主任工作9年以来，我的教育主张里自然也缺不了它。面对班级的一小部分“后进生”，教师付出的爱应该更多，爱的方式也需要个性化的定制。新生入学之初，我会了解班级每个学生的情况，为每个学生制订爱心计划，让每个孩子自信地存在于班集体中。下面仅以一个学生的一小段成长过程为例，谈谈我的教育主张。

开学第一天，面对一张张新面孔，我尽力地想从人群中搜索出一两个特殊孩子。这时，一个瘦弱的小女孩映入了我的眼帘，表面看上去很平静的她，在我凝视她十几秒钟的时间内，一直没有抬起头来正视我——我觉得她在躲避什么或者害怕什么。好奇心驱使我对她产生了特别的情感，瞬间的直觉告诉我：她需要我的帮助。

课堂上，多数同学都听得很认真，争先恐后地回答问题，可我见那个女孩（后来才知道他叫小丽）一直安静地坐在座位上，没有激动，没有兴奋，她的淡定与课堂上活跃的气氛似乎格格不入。我走近看，她连画纸、颜料、工具都不会使用，画面乱七八糟。面对这一现状，我的心里已经有数了：她是个学习上“后进”的孩子，所以思想上严重自卑，更谈不上自信了。

“不能让小丽输在专业的起跑线上，得让她尽快在这个新的班集体中找到自信。”曾经学过的心理学知识和多年的教学经验提醒我，我要想为她树立信心，必须不断地给予她积极的心理暗示，让她在集体中先有存在感，继而体验成功感和自豪感，久而久之才能让他在大家面前抬起头来，她也才能找到自信。

看来，来自老师的肯定和鼓励是孩子自信的关键，我必须多制造这样的机会。于是，我开始实施自己对她的三步“改造”计划。

第一步，课堂上促自信。

起初，我会尽可能多地为她改画、讲解，多提问她。她每次都不敢表现。面对她的腼腆和有时的手足无措，我一次次地向她传递鼓励的信号：你可以的，老师相信你能行！慢慢地，在我的精心引导下，她开始主动提出问题。她的这一改变让我眼前一亮：这是绝好的机会，也是在她心中燃起自信火苗的切入口。于是，我开始不失时机地为她的大胆点赞，为她的成功喝彩。也许在课堂上她就这样被无声地改变着，老师只是将机会的天平向她倾斜了些，将溢美的言辞多说了几次而已，她却在这些过程中感受到了老师对她的认可，感受到了自己在班集体中的存在，自信也就悄然在她心中萌芽。

第二步，交往中找自信。

缺乏自信的孩子在与他人交往中往往表现得不善言辞或沟通困难，这一点在小丽身上也体现得很明显。记得刚开学那段时间里，我总能在下课时看到她独自坐在角落里的身影，面对周围同伴的嬉戏打闹，她有时也会情不自禁地偷瞄一眼。一边是挡不住的诱惑，一边是放不开的胆量。为了鼓励小丽跨出与人交往的第一步，我找班里的几个班干部商量，让他们轮流在课间找小丽一起玩，再利用班会、晨会时间在全班开展“手拉手、共成长”活动，鼓励学生勇敢与人交往。不久，我在她的周围看到了热情的伙伴，在她的脸上看到了灿烂的笑容，那笑容里写满了自信和满足。

第三步，活动中展自信。

小丽逐渐变得开朗、乐观、自信后，在学校举行的各项活动中，我也为她报了几项比赛。比如，我发现她在歌舞表演方面有天赋，就劝她竞选健身操大赛领操员；我发现她外语学得好，就鼓励她带同学们晨读。每次活动中，她都能收获来自同学的支持、老师的鼓励。

作为一个班主任的秘诀就是“爱”。师爱是伟大的、神圣的；师爱是“超凡脱俗”的，没有血缘和亲情，没有私利与目的。小丽的成长经历只是我们作为教育者所遇到的一个小插曲。

我在脑中描绘着教育理想的蓝图，在这里，青春因梦想而精彩，生命因奉献而美丽。

教育感悟 我热爱班主任工作，愿意扎根于这片土壤，愿意用我的心血、我的汗水去浇灌学生心灵的花朵。生命是可贵的，奉献是高尚的，我们默默实践、辛勤耕耘，在平凡中用爱和真情去感化学生的心灵，去熏陶学生的心灵，去塑造学生的心灵，去灌溉学生的心灵。我们在默默奉献中实现做老师的意义，在辛勤劳作中实现做班主任的价值！

作者简介 李建梅，女，1983年4月出生，硕士，毕业于东北师范大学，助理讲师，从事班主任工作9年。

短　信

当走进新的班级——2016级商务助理班的时候，我看到41双期待的眼睛，听到家长们一句句郑重的嘱托，我知道我肩负的责任重大。

近年来，国家提出了中职学校发展的新方向，我们班既是校企结合新方向——“现代学徒制”的试点班级，又是长春师范大学“3+2”中高职衔接班。因此，开学伊始，我便在班级开展了一系列关于就业、职业介绍、职业培训等活动，通过视频资料、新闻报道增强学生们的职业意识，更利用一切机会锻炼他们。同学们在学校与海航集团、名门饭店举行的一系列校企结合活动中，积极参加、态度端正，给企业方留下了深刻的印象。

12月20日，我校就业办与企业方沟通，在寒假期间设立带薪实习岗位。我听到消息后真的很高兴——同学们可以通过这个机会学习到专业知识，还可以得到相应的劳动报酬，这样一个寒假会多么有意义！当我把这个消息告诉学生们，并做了详细的岗前动员和培训后，班级有19名同学报名参加。我深知机会来之不易，跟每一位同学都进行了单独谈话，并给予鼓励。但之后，我接到通知，企业方只能提供11个实习岗位，这让我感到前所未有的为难。从我内心出发，我真的希望19名同学都能获得机会！第二天，我便与负责和企业沟通，同时也是我们班的礼仪课任课老师的李泽元老师商量此事。后来，我们决定根据学生平时的在校表现、学习成绩、思想和处事态度进行选拔。当天，我就在班级公布了参加寒假实习的11名同学的名字。

当天晚上，我收到了一条短信，是其中一名被筛选下来的女生发来的。“老师，我也想去实习，能不能给我个机会？我不掉链子。”我一夜未眠，辗转反侧：我是不是太武断了？仅凭某个同学平时爱丢三落四，某个同学爱和同学打闹或是某个同学平时内向、不爱在人前说话，我就连去试一试的机会都不给他？而且最可怕的是，我居然认为这种选拔方式是合理的，没有深思熟虑就在班级公布了结果。这种方法是否太过简单？太不在乎学生们的感受？每个人身上都有闪光点，不是吗？我作为他们这一阶段的“人生导师”，应该找到这些闪光点，让它们发光、发亮！

思前想后，我做出了一个决定：第二天早上，我郑重其事地在班级向同学们道歉，并称赞他们踊跃参加实习的积极性。之后，我找到校就业办的老师，经过沟通我们决定进行一场模拟的入职面试，面试的主考官由校领导、就业办负责老师、礼仪课及专业任课课教师和实习企业人事经理组成。19位同学全部身着职业装，每个人都准备一份应聘资料，以最饱满的精神状态参加这次面试。事后，企业人事经理连连感叹道：“看到同学们的热情和状态如此好，要不是岗位有限，我真想全部录用！”面试中，评委们对每一位同学的表现加以专业点评，这不仅让学生们找到求职的感觉，没有被选中的同学也能够在体验中了解自己的不足。我也很感谢就业办同事们的理解和对我工作的支持。

在准备面试的过程中，同学们有的急切地问我需要注意的地方，有的在积极准备自我介绍。我从每个同学的脸上都看到了一股积极向上的力量！更让我欣慰的是，给我发短信的那位同学，她在面试之前用心准备，而且特意制作了求职简历，在面试过程中表现得大方得体，最终不但被企业顺利聘用，也让评委老师们眼前一亮，给企业经理留下了非常好的印象。

是的，我们的职业学校教育应该是这样的：不能单凭学习成绩，而是要从不同的角度，站在不同的高度去来衡量学生。注重学生人格、能力的培养和塑造，只要我们用一点心，多考虑一些，我们和我们的孩子们便会收获满满！作为教师，也应该勇于批评与自我批评，在教育过程中完善自我，做一个一心为学生，让学生信任和崇拜的班主任。

教育感悟 通过以上案例，我深深感到“现代学徒制”是一项旨在深化产教融合、校企合作，进一步完善校企合作育人机制，创新技术、技能的人才培养模式。它以学校、企业深度合作，教师、师傅联合教授知识，以技能培养为主要特征，体现了校企合作的深度融合，实现了专业设置与产业需求对接，提高了人才培养质量和针对性，找出了多年来制约职业教育发展的瓶颈，深受中职学生和家长的欢迎。

作为中职学校的班主任，既要做好对学生的全面管理和教育，又要以学生未来的发展为己任，做“现代学徒制”人才培养模式的实践者和推动者，并为此做出贡献！

作者简介　杨光，女，1983年9月出生，学士，毕业于吉林师范大学，讲师，从事班主任工作9年。

向左，还是向右

我认为，有效的德育管理是管理人员一定要有坚持的精神和厘清各种关系的能力。在德育管理中，管理者首先应该客观还原事件，让受教育者明确在事件发生之后自己应该承担什么责任。一名教育者应该明晰事理，把道理阐述清楚，这样受教育者才能心服口服。管理就像一个人站在无标识的十字路口，决定向左还是向右时需要慎重，需要明确方向！

2017年10月的一天，一声尖叫打破了课堂的平静。大家的目光都聚焦到了邱同学身上，班长宋同学立刻查看，原来有四名同学将滚烫的硬币放到了邱同学的颈部后侧。宋同学意识到了事态的严重性，一边大声喝止肇事的四名同学，一边叮嘱其他同学照顾邱同学，自己则快步跑到办公室通知我。我听闻此事后，经现场核实和对事态的发展判断，迅速电话通知了主管领导并建议立即启动学校应急响应预案。之后，我马上联系校医。经过校医的诊断，认为邱同学的皮肤已经被严重灼伤，此时离事情的发生已经过去了10分钟。我让班主任联系所有涉事学生的家长，向家长通报此事并联系急救中心，我、校医和班主任一起送邱同学到医院就医，一方面体现出学校对此事的态度，另一方面由班主任出面安抚受伤同学的家长！30分钟之后，受伤同学的家长在医院见到孩子，家长的情绪非常激动！我们一边安抚学生，一边稳定家长情绪。当时，医院的诊断结果是二级烫伤，邱同学需静养一周。肇事方的家长迟迟没有露面，也没有电话问候，受害方家长感觉肇事方家长的做法不妥，所以委托学校处理此事。我进一步了解了受害方的诉求后，已经是凌晨1点30分了，考虑到受害方家长的心情，我又马不停蹄地赶往学校，梳理相关资料，并形成书面文字。

第二天清晨，我代表学校出面约谈了所有涉事家长，参与肇事的四名同学及家长对受害人的受害过程都不予认可，坚称自家孩子没有参与，都说自家的孩子是无辜的，并且互相指责、推卸责任。几方家长的自说自话致使场面一度失控。我想，我作为校方代表，此时需要帮助家长还原事情的真相。考虑到人多嘴杂，我将肇事方和受害方家长分开调解。我把肇事方的家长留在我的办公室，请受害方的家长去休息室休息。此时，我要做的就是让肇事方家长解除戒备心理，让他们了解事情真相。我考虑到家长们认为如果承认了这个事实，那么学校会处理他们的孩子，所以一直不愿意承认自己孩子犯了错。为了让对方接纳我，我首先对四名同学的学习情况和日常表现进行了积极、肯定的评价，待家长不再有那么大的抵触情绪时，我将四名同学的笔录及围观学生的笔录让家长过目，并对家长有异议的地方做了详细说明。待家长看完材料，我依据相关法律对此次事件进行了初步评估。四位家长听后表示部分接受，但是对邱同学医疗费的分摊等问题有异议。了解了一方的意见之后，我将他们的态度很婉转地转达给受害方的家长，邱同学的家长认为四名同学和家长没有对邱同学表示歉意和关怀，并一直推诿自己所要承担的责任，没有诚意，认为没有谈下去的必要。考虑到受害方家长情绪激动，我请肇事方家长先回家等消息，同时安抚受害方家长，晓之以理，动之以情，认真倾听受害方家长的诉求。经过沟通，我了解到受害方家长希望肇事方及家长道歉，并给予一定的经济补偿。我送走受害方家长之后，查阅了相关法律知识，认为适当经济补偿可以采纳，只是实际的经济补偿与理想的补偿之间有巨大的差距，所以我认为解决问题的关键还是要看受害方家长的态度。

邱同学在家养病期间，我每天去探望他，最后邱同学的家长同意再调解一次。根据双方的态度，我起草了调解方案。在这次调解中，肇事方的四位家长中有三位承认了自己孩子所犯的错误并且表示同意调解方案，可是另外一位家长不同意，这位家长的态度使我之前所做的工作付诸东流。即使这样，我也没有放弃调解，后来又进行了3次调解，却都无疾而终。我考虑到邱同学家长的诉求远远超过肇事方家长的承受能力，并且事情已经发展到超出学校调解的地步，我建议受害方家长通过法律途径维权，被邱同学家长采纳。

经长春市南关区人民法院宣判，裁定张同学、韩同学、冯同学在教室中无故用烧烫的硬币把邱同学颈部后侧烫伤，支付邱同学因治疗产生的费用；张同学、韩同学、冯同学、李同学向邱同学赔礼道歉。关于精神损害抚慰金，暂定张同学、韩同学、冯同学共向邱同学支付精神损害抚慰金3000元。

我考虑到同学们还要继续在一个班级学习，决定对这几名同学进行心理疏导。通过我的努力，他们都真正意识到了自己在这件事中的做法欠妥，并表示以后会团结。孩子们的脸上又恢复了往日的笑容！

教育感悟 这是一件因学生嬉戏引发的伤害事件。虽然学校不需要承担责任，但是学校、家长和学生也应引起足够重视，尽可能地避免学生受到伤害。学生的法定监护人是父母，家长要告诉学生学会自我保护和防止意外发生。学校也要加强纪律管理，要将防范和管理相结合，加强安全教育，让学生明确安全的意义和重要性，掌握安全知识和学会处理同学之间出现的矛盾，让自己和身边的人远离伤害、远离危险。

教育学生是一个等待的过程，在等待中家庭教育的重要性不言而喻。孩子的成长在很大程度上受家庭因素影响，家庭教育是潜移默化的，也是孩子在处理人际关系的基础，要想孩子变成什么样的人，家长就要以身作则、言传身教。

作者简介 张生保，男，1985年9月出生，学士，毕业于白城师范学院，助理讲师，从事班主任工作6年。

在“花园”中静待“花”开

我认为，什么样的班级造就什么样的人，班级管理应以人为本。职校生中有极个别同学自理能力较差，不注意个人卫生，也不关心集体环境，班级的物品摆放不齐。为了整治环境，我花了不少工夫：每天安排值日生负责教室卫生，有时候还要身体力行，亲自动手打扫，但效果总不尽如人意。往往是发火狠抓好两天，但过几天又回到从前，如此往复，形成恶性循环，学生懒得做，我也累得够呛。

“解铃还需系铃人”，学生是教室的主人，为此，我开展了以“如何创造良好的学习环境”为主题的班会。要想从根本上解决卫生问题，还需要学生们亲自动手，提高“清洁卫生、美化环境”的意识，将卫生工作看成自己分内的事。经过激烈的讨论，劳动委员提议实行“轮值制度”，即每天只安排一名学生负责教室卫生清扫、桌椅摆放、点名等，按学号轮流进行，周五的轮值生与前四天的值日生一起来共同负责周五班会课后的大扫除，依次类推。议案提出后，有反对的，有赞同的，还有嗤之以鼻的，我并不发表看法，只决定试行。我亲自监督，效果竟然不错，教室干净、整洁了，同学们好像已经达成了共识：教室是我家，美化靠大家。

不过，不要以为有了轮值制度，所有的值日生就能自觉值日，那就大错特错了——有个别学生很会做面子活，班主任在不在场完全两样。通过观察，我发现值日生小明是一个比较会“装”的学生。有一天他当值，趁他不注意，我悄悄躲在门后，不知是谁说了句“班主任走了”，小明就立马放下扫帚，说：“班主任走了，我也要闪了。”他刚跨出教室门，就被我逮个正着，铁证如山，小明只得认错，并且答应以后一定好好值日。当然对于有些实在不会值日的学生，我也会手把手亲自教他们怎么扫地，怎么拖地，怎么将桌椅、物品摆放整齐，等等。这样做既避免了值日生脱岗，又给同学们带来了干净、整洁的学习环境，虽辛苦，但欣慰。

教室由原来的“脏乱差”成为现在的“净齐好”，这要归功于轮值制度的施行，而轮值制度的出台又离不开同学们的群策群力。大家一起值日免不了有“吃大锅饭”的思想，认为“做好做坏一个样，做与不做一个样”。而轮值制度责任到人，分工明确，让学生在尽义务的同时，还拥有监督他人的权利，让学生切实体会到了做教室主人的感觉。同时，通过点名，轮值生可以体会到班主任工作的辛苦，换位思考，将心比心。这样一来，搞好卫生，管理好班级，便成为自然而然的事了。

有人说，习惯的改变或养成需要二十一天。这段时间，我每天监督学生们值日，每一位同学都为班级的整洁付出了劳动，所以大家都格外珍惜教室现在的环境卫生。开“轮值制度”班会后的第二个月，同学们主动提出要开一个“如何保持良好学习环境”的主题班会，又提出干净的教室不是打扫出来的，而是保持出来的，这个“家”需要大家共同维护。班会上，有同学提出：要随时清理地面上的尘土、纸屑，这样值日生打扫起来就轻松多了；有的同学提出每位同学的课桌上都挂上自己备的垃圾袋，便于放垃圾；等等。每位同学都为了让班级有更好的卫生环境争相发言、献计献策，班会气氛活跃、热烈，同学们真正把班级当成了自己的家！

经过近一学期的时间，教室现在干净、整洁，物品摆放有序，扫除用具整齐地摆放在后门边，班级时刻保持无垃圾，桶中无脏水；整齐划一的绿色桌布，系成结的窗帘；窗台上花卉的摆放不求多，但求精，起到了美化环境和净化空气的作用；我班的书架就设在教室的一隅，摆放着各种书籍，有专门的管理员和借书制度，便于学生在课间和自习课时借阅，上面还摆放着学生制作的手工作品；教室前面墙壁两侧分别是《中学生行为规范》和教室的四表（作息时间表、课程表、值日生表、班委表），黑板的上方是国旗和校训。教室的后墙中间是定期更换的板报，板报左侧是班级及个人获得的荣誉奖状，右侧是“先锋栏”，贴着每月学生评比出的学习先锋、文明先锋、纪律先锋、劳动先锋、读书先锋、进步先锋等漂亮的生活照片……不仅是学习环境发生了巨大变化，同学们的学习态度也发生了变化。在这样一个环境整洁、学习氛围浓郁的班级里，孩子们注意自己的言行举止，课间也不像以前那样大声吵嚷，任课老师反应上课纪律和听课效果都有很大进步，孩子们的精神面貌也焕然一新。

教育感悟 实践证明，优美的班级环境具有潜移默化的作用，能使学生在不知不觉中自然而然地受到暗示、熏陶和感染，给他们增添无穷的学习和生活乐趣。把教室建成一个“愉快的学习场所”，给学生一种高雅的文化享受，在“花园”中静待“花”开。

作者简介 周明阳，女，1977年11月出生，学士，毕业于吉林工程技术师范学院，高级讲师，从事班主任工作10年。

风　波

我午餐后回到办公室，发现班长小爽在等我，心情立时沉重许多——她还是来辞职了。

小爽是个乐于助人、积极上进的女孩子。在新生军训中，她表现出很强的集体荣誉感，她关心班级，团结同学，能组织、调动同学，符合我心目中班长形象，她也很顺利地通过我的提名当上了班长。在新集体形成的过程中，她很快成了班级的领头雁，那时我对她充满肯定和期望。然而，好景不长，她对同学的关心不被理解，这给她带来了无形的压力，更有男同学大胆表露对她的喜爱，她感觉“压力山大”。在上学期临近期末的两周，她几次对我表达想辞去班长职务，都被我劝止了。理由很简单，作为我们中专学生，三年后就业，在工作岗位上也会遇到很多的问题，遇到形形色色的人，不能遇到困难就退缩。我鼓励她克服心理压力，勇敢面对挑战，历练自己的能力。在几次耐心谈话后，她决定坚持到期末。那段时间，小爽的确在努力恢复学习、工作状态，期末考试成绩也很优秀。我想，经过一个假期的休整，她会坚持下来的。

假期里，我通过微信和她分享成功者的故事，和她定期交流思想。我渐渐发现，她还是有放弃当班长的念头，不想再承担更多的责任和义务。这学期刚开学的几天，她上课时竟然趴在课桌上睡觉，也没有去开班长会议，学生科下发的许多通知，也不主动向我汇报，班级的大事小情都需要我来处理。她的不作为，我看在眼里，急在心头，我不想放弃对她的培养，还是要给她机会——虽然我会累一些，我也要扶她一程。

可是今天她还是主动来到我的办公室辞职。我该不该同意她辞职呢？能登峰顶的人是勇敢而坚韧的，机会是给有准备的人的，不珍惜挑战，轻言放弃，是不会有成就的。一味坚持让她当班长，她的逆反与疲累更甚，怎么办呢？换个位置，可能更有利于她的成长与成熟。于是，我同意了她的辞职。

同时让班级专业学习成绩最好、性格开朗的小鑫当了班长。

没想到，新班长刚上任，就有几个同学向我提出要小爽重新当班长。我心里很生气，记得小爽刚当班长时，他们也不同意，找我谈过。说实话，他们是最能给班级添乱的，也是小爽辞职的主要“祸首”。但是我得给新班长的工作扫除障碍。我心平气和地说：“你们给小爽的压力太大了，我得考虑她的身心健康。而且，你们开始也对她的班长工作不满意来着。现在，你们不同意小鑫，就给我推荐一个班长吧！”在男生中比较有影响的小建说：“谁当都行，就是她，我不同意。”我说：“那你当吧，我觉得你合适。”“我不当，死累的。”“你也知道累?！小鑫是个女生，她能够有勇气承担这个责任，就足够你学习的。至于她本人，肯定有不足之处，但是也有过人之处，她的专业、她的开朗是很多同学比不上的。”小建同意：“那是。”“所以，我们要给她支持和帮助，把她的不足纠正过来，给她一个展示自己的机会。另外，刚当班长的她，马上停职，也不公平。再过一个半月，我们重新选举班委会成员，你们自己选满意的班长吧！”“那试试吧，反正她做不到的，管我，我就不听。”我笑笑说：“别对别人太苛刻，换位思考一下。”

“换班长”这件事会在班级里引起不小的波动，我也需要观察新旧班长的成长和班级同学的情绪。老班主任都知道，班长这个领头雁在班风的形成和走向上是很重要的，正印证了“千军易得，一将难求”这句话。

开始几天，小爽好像轻松了，我常常在课间听到她的欢声笑语，只是在偶尔的一瞬间，会看到她不经意瞟向小鑫的眼神有一丝妒忌。我每天都会找四名同学谈话，时长时短，每个同学每周都能轮到一次谈话机会，我想借此了解、关注学生的发展。在我与小爽的谈话中，她表示不当班长轻松多了，就是有时候班级纪律不好，想管一管，没有人听了。我笑了笑，说：“当然了，因为不在其位了嘛！说话就不具有权威性了。”“可能吧。”她话语中满含失落。我鼓励她：“那有没有打算下一次换届，再竞争一下班长职务呢?”她诧异地看着我：“我还可以?”“当然啊，每个人都可以。”她还是想当班长的，也有能力做好班长，只是遇到突发事件，产生畏缩心态罢了。我鼓励她说：“不想当元帅的士兵，不是好士兵。你说对吗？我可是知道有好多同学希望你重新当班长，还找我谈呢。”她吃惊地看着我。“你没想到自己还有‘忠粉’吧！当过班长和普通同学是不一样的，希望你不要放弃在中专的锻炼机会呀!”我看到了她眼中的希望。

新班长小鑫的工作日渐上了轨道，小鑫的专业课成绩首屈一指，文化课成绩却一般，可以说是在文化课上最爱说话的人了。为此，任课老师对她的意见越来越大，男生也经常和她对着干。为了处理好新的矛盾和问题，我分组召开了男、女生班会。在男生班会上，我向他们说明了他们的专业任务和努力方向，对他们提出认真学习文化课的要求。同时，我和他们沟通了与班长小鑫之间的关系。我把男生分成了两组，各选出一名负责管理纪律的同学，负责监督上课时爱说话的同学。在女生班会上，我明确了纪律要求，指出女同学上课迟到、化妆、爱说话、吃零食、说脏话的毛病，提出加强课堂纪律的要求。尤其点名指出小鑫应该注意的问题，要求小鑫带头在全班同学面前做检查！会后，我和小鑫单独进行了交流，这个性格大大咧咧的女生，很爽快地承认了自己的错误，明确了自己的班长身份，认真做了检讨。在小鑫带头做检讨后，班级的学习氛围有了很大的改观，课堂纪律有了明显好转，文化课老师的反馈也越来越好。

打铁趁热，要开学期主题班会了，我请小鑫和小爽一起来准备，锻炼她们的合作能力。当小鑫和小爽携手来问我班会主题时，看到她们友好的笑脸和顺畅的交流，我开心得不得了，面上却不显露，让她们自己商量拟定，我再给意见。很快，“团结——走向成功的阶梯”这个主题就提到了我的面前。他们积极投入主题班会的筹备中，这期间，小鑫和小爽多次一起来我这里商量，每次看到她们的笑脸，我都感到欣慰。主题班会当日的上午，我到外校听课，没有参与班级布置。班会开始前二十分钟，我才赶到教室。进了教室，我看到了完美的布置：干干净净的教室，整整齐齐的桌椅，校服整洁的学生，音乐、黑板、PPT……一次成功的主题班会！我们在班会评比中获得了一等奖。班会后，打扫教室摆桌椅时，我看到小爽忙碌的身影，我初识的那个自信、阳光的小姑娘又回来了。班会过后，小鑫和同学们的关系变好了，特别是与男同学的关系更融洽了。

教育感悟 教育是一项需要用耐心去做的工作，思想工作是教育工作中需要教师朝夕关注的问题。一个问题需要一个解决方案，这是我通过多年的班主任工作得出的经验。千万不要让学生的问题牵着你的鼻子走，抓住领头兵，风气自然会好起来。培养一个学习骨干，一个劳动标兵，一个工作能手，一个热心责任人，一个廉洁监督人，班级干部能者上、庸者下，坚持每天的“交心时刻”，及时帮助同学们总结不足，发现成绩……班级的改变会更大，学习氛围会更浓，集体的凝聚力会更强。“爱是通往教育成功的桥梁”，如果说农民的生命在泥土里，运动员的生命在超越里，音乐家的生命在音符里，科学家的生命在奉献里，那么班主任的生命早已融入学生的成长里。“一花一世界，一叶一菩提”，班主任工作就是用爱去浇灌年轻的希望之花。

作者简介　赵崴，女，1975年5月出生，学士，毕业于吉林师范大学，高级讲师，从事班主任工作8年。

用鼓励式教育法让学生创造精彩人生

我常聆听许多老教师的教诲：爱和信任是一种神奇而伟大的力量，它能帮助你教育好学生。经过这些年的教育见闻和经历，我赞同这个观点：一个教师只有用饱含深情的爱去感染学生，去影响学生，才会给学生带来许多有益的改变。把载有爱的眼光，哪怕是匆匆一瞥投向学生，他们年轻的心灵就会充满阳光，得到滋润……

有位学者讲述了这样一个真实的故事：在一座大城市里，有位小姑娘依靠父母的努力，好不容易跨学区进入了全市最好的一所小学，小姑娘高兴极了。开学前兴奋得晚上睡不着觉，开学以后头几天，小姑娘天天在家里饭桌上说学校这样好，那样好，但是就在开学第一周的周末，小姑娘回家后嚷着下星期不去上学了，父母不知所措，急着追问缘由。小姑娘哭着说："这些天，班主任老师没有看我一眼，连一眼也没有啊！"

这样的故事警示我们：任何一个孩子在他们的心灵中，都期盼老师给予他们爱和关注，哪怕是不经意的一眼和一笑，都是对学生极大的鼓励，能使他们树立信心。

要想使班主任工作获得成效，对孩子们的爱就显得尤为重要。教师只有与学生情感相通，形成朋友之间的友好、愉快、简单、和谐的人际关系，学生才能在爱的潜移默化中得到自我升华。

教育的目的就是使每个学生都能沐浴爱的阳光，健康、快乐成长。作为老师，要多发现他们的好。孩子越是调皮，就越是需要老师给予爱，我们其实能够使孩子们成为可塑之才，关键是要发挥自己的智慧，发现孩子的优势，站在孩子成长和鼓励孩子进步的角度去思考、去探索，用点滴的"爱"铸就孩子灿烂的未来！

鼓励式教育法，也称赏识教育法，是一种在宽松、和谐、愉快的气氛中，使学生以自信、自强、进取的态度完成学习任务的教育方法。教师在教育学生时，应多采用贴合学生心理特点的鼓励式教育。教师要更多地运用“换位思考”去对待学生，去欣赏学生，鼓励学生。教师要诚心诚意地对待学生，用更多的鼓励性的语言去滋润他们渴望雨露的心田。

我们不妨来听听下面这则简短的故事：

一个小学生期中考试数学只得了58分，在教师的办公室待着不肯回家。他对老师说：分数单上挂了‘红灯笼’，妈妈是不准我进家门的。”他看看教师不作声，又说：“老师，您这次能不能先借给我2分呢？下次考试，我一定还上这2分。”数学老师想了想，点了点头。到了下一次考试，孩子有了明显的进步，还了2分，受到了老师的表扬。之后，孩子的成绩进入了班级的中上游。这个故事中的小学生的进步得益于老师的支持和鼓励，使之能树立足够的信心，产生进取的动力，迸发学习热情，所以他的学习成绩得以明显提高。

教师的赞赏对优秀学生是锦上添花，对“后进生”是雪中送炭。“后进生”的缺点比较突出，易被人发现，但他们的优点、长处易被人忽视。如果教师能及时发现差生的长处和优点，真诚、无私地给予他们肯定和赞赏，会令他们感受到一视同仁的温暖，从而正确认识自我的言行。这样，从内心激发出来的动力是无穷的。

小韬是我们班典型的“学困生”，爱偷懒，上课好走神，作业质量较差，时常不交作业……鉴于他在学习中的许多不足，任课教师很是头疼。但是有那么一次，彻底让我改变了对他的看法。那是一次写字课，我正在展示同学们的作品，同学们发出一阵阵的赞叹声。此时，我看见小韬再三举手，我没有搭理他。他喊道：“老师，我的字也写得很好，我也想展示！”我不由得一笑——他平常写的字那么差，怎会写出好字？我假装没听见。此时，一个本子被递上讲台，我一看，这本子里的字写得像模像样，字体工整、端正，本子干净。同学们说：“老师，这是小韬写的。你看，写得多好啊，你就展示下吧！”此时，我愣住了：我为什么不相信我的学生呢？他在努力，而我却视而不见！于是，我当即就展示了他的作品，并给予了点评和表扬，建议全班同学给他热烈的掌声。此时，我看到小韬脸上露出了少有的笑容。下课后，我把他叫到办公室，对他表示了歉意，同时鼓励他继续把字写好，并且在做作业时也要写这么的漂亮的字。他高兴地点了头。在接下来的学习中，我发现小韬的作业情况大有改观，而且上课也认真了——瞪着眼睛听课——他是期盼老师的表扬啊！经过这次事情，我看到了自己在工作中的教育盲点。

在平时的教学中，教师要用独特的眼光去挖掘每一位学生身上的优点，善于从他们的平凡中找出不平凡。对学生的每一个好的表现和细微的进步，要善于捕捉并及时给予表扬和鼓励，想方设法放大学生的闪光点，让这些学生感到老师的关注和赞赏，使他们认识到，通过自身的努力，也有权利获得老师的赞赏。

真诚地赞赏、尊重学生，关心学生的细微进步，一视同仁，不记小怨，这样的品格本身就是一种感染力，更会加深学生对老师的爱戴和尊敬，从而建立良好的师生关系。

著名教育家苏霍姆林斯基说过：善于鼓舞学生，是教育中最宝贵的经验。鼓励对儿童是一剂良药，儿童是需要鼓励的——鼓励能够帮助学生健康地成长，教育需要“励”字当先！

教育感悟 怀着一颗爱心，处处留意，扶起孩子的自信之心。轻声一句鼓励，随时赞赏，铺就学生的进取之路。学生最大的幸福是获取老师、同学的赞赏；老师最大的幸福就是学生在自己的眼前成人、成才。老师用“爱”铸教育，以“励”先行，是师生获得教育幸福感的一条捷径。

作者简介 胡伟，女，1978年3月出生，学士，毕业于吉林师范大学，高级讲师，从事班主任工作10年。

老虎教我当老师

职业学校的少数学生是传统意义上被以学习成绩为标准淘汰下来的，但是这能说明他们真的在其他方面也比不过那些“成功升级”的孩子吗？我想不是，只不过他们有些习惯需要改正，有些潜力需要挖掘，有些特长需要展示，找回人生出彩的机会。一位教育心理学家曾说：“如果孩子生活在批评中，他便学会谴责。如果孩子生活在敌视中，他便学会好斗。如果孩子生活在恐惧中，他便会忧心忡忡。如果孩子生活在鼓励中，他便学会自信。如果孩子生活在受欢迎的环境中，他便学会钟爱别人。如果孩子生活在安全中，他便学会相信自己和周围的人们。如果孩子生活在友谊中，他便会觉得他生活在一个多么完美的世界。”良好的师生关系，融洽的同学关系，成功的人生体验，这些都可以帮助一个问题学生找回自信，我们老师要做的工作就是“引路”。

新生报到时，我们班级有一个孩子很特别，他和其他的同学不一样，总是处处和我这个第一次当班主任的新老师做对。平时管理班级时，我对班级的严厉在他的眼里是多此一举，我对同学的关心在他嘴里是虚情假意。我和他的第一次正面交锋发生在我批评一个迟到的学生时，他在下面不屑地接话：“哟，老师，你也太认真了，第一次当老师吧?!”就这样，他硬生生的话语让我在其他同学面前下不了台。他是个体育特长生，家庭环境优越，行为散漫，在军训中，不满教官的惩罚，不满夜晚蚊子多，直接通知我他要回家。他处处与我做对，在我与他的几次“过招”中，他对我不理不睬。

军训回来之后，他依然经常迟到、旷课，在课堂上睡觉，不完成作业。我与他斗智斗勇，他仍旧消极抵抗。我曾私下了解他在课堂上睡觉的原因，既不是因为前一天晚上熬夜，又不是身体不适，更不是内心封闭，只是“上课就困”。所以，我总是不厌其烦地做着一件事情——把呼呼大睡的他叫醒。直到有一天，他突然大喊：“烦不烦！有什么好学的，走开!”那一刻，我僵在那里，气得双手直颤，想立刻把他轰出教室，但作为一名老师的责任感让我坚定了改变他的决心。强攻不可，唯有智取。我忽然想起在《动物世界》里看过的老虎，它每次捕食前必定是这样的动作：后撤两步，身体向下微沉，看似无害，实则是为下一步进攻蓄力。我为何不像老虎学习，以退为进呢？

运动会很快到了，作为体育特长生的他是校队的主力，每天训练强度很大，他便更困了。这回，我没再强行叫醒他，而是通过他身边的好朋友向他透露这样的信息：老师知道他很累，让他在我的课堂上好好休息一下吧。自尊心极强的他，这回反而不好意思睡了。他每节课都睁大眼睛，似乎在告诉别人：再累，我也挺得住！之后，他代表学校参加市级运动会，凭着出色的体能，一人包揽了3项比赛的单人冠军，还和伙伴们一起获得了2项集体比赛的冠军。他回来后，我在班上开玩笑地说：看看，谁说咱们的睡罗汉只会趴着，现在不是挂着金牌昂首挺胸站着呢吗？听到我的表扬，他红着脸笑了。之后的课堂上，他睡觉的毛病改了很多，但唯独素描课还是让他提不起精神，原因很简单：他早已有坚实的素描基础了。了解到这一情况后，我还是采取同样的办法，私下对他朋友说："咱班好多同学都是素描零基础入学，很多同学反映学起来太难了，老师改画改不过来，我打算搞个比赛，选出画得好的当我的助教，但就怕咱班没有这样的人呐。"他听到消息后，默默在寝室苦练起来，直到比赛那天，同学们才知道原来他画得如此之好，他也如愿以偿当上了助教。之后的课堂上，他依然时而打盹犯困，但总是有拜他为师的徒弟围着他，让他改画。起初，他有些不耐烦，渐渐地，他开始享受为人师的感觉，大家亲切地在班内外叫他"师父"，外班的同学也羡慕地调侃他："你小子行啊，还不知道你有这两下子！"虽然见效很慢，但我们都明显感觉到他在努力改变着。

今天慢慢地后退，是为了明天大踏步地前进。我从最初的不讲方法，与学生正面起冲突，到后来像老虎一样，看准猎物，慢慢后退，不急不躁，蓄势待发，我完成了心态和方法上的转变，而我的积极改变最终也带来了学生的乐学、进取。

毕业后，曾经最讨厌军训的他选择了当兵，他在内蒙古一待就是4年。逢年过节，我总少不了收到他温暖的问候。他曾骄傲地对我说：他是部队里画画最好的人，连里的板报都是他出，他从未觉得会画画会让人如此羡慕。回来探亲前，他用红线将自己训练打出的弹壳编织成了沉甸甸的“幸福”二字，并背回来送给我。当他把礼物和优秀士官证书放在我面前时，我看着他魁梧的身材心生感慨：曾经那个被我这只老虎盯着的猎物，现在已然成了一只真正的军中猛虎！

教育感悟　“爱”和“严”永远是教育的两个法宝。我们的教育生命在一批又一批的学生身上延续，我们的青春在一代又一代的青年身上闪光。爱是阳光，可以把坚冰融化；爱是春雨，能让枯萎的小草发芽；爱具有神奇的力量，可以点石成金。严而有爱的教育使学生成人，爱而又严的教育使学生成才！

作者简介　胡经纬，女，1982年8月出生，学士，毕业于东北师范大学，讲师，从事班主任工作6年。

小座位，大视野

2016年，从事教育工作已20年的我，又主动接了一个新班，并担任班主任工作。班里的孩子都是“00后”，和我自己的孩子一样大。一开始，我想得很简单，认为以我丰富的班主任经验可以轻松胜任这项工作。但经过一段时间后，我身心俱疲：我对学生晓之以理、动之以情，费尽九牛二虎之力，却收效甚微。这和我以前当班主任的经历完全不一样，我不由得陷入沉思。

经过分析、总结以及与同事交流，我意识到以前管理班级的方法和经验不适用于现在的学生。主要因为：一是现在班级中的大多数孩子都是独生子女，家庭环境养成了他们养尊处优的性格；二是班里的部分孩子父母离异，导致孩子性格孤僻、偏激。因此，我决定在开展教育工作时，要以“关心、理解、尊重、信任”为主，并以此激发学生的责任意识。

为了更好地管理班级，我开始从细节入手，一点一滴地拉近与学生的距离，真正地关注、关心学生。遇到问题，不再是简单的说教、批评，而是先站在学生的角度看问题，认真倾听学生的心声。慢慢地，我发现我与学生之间的距离近了，他们开始向我吐露心声，展示真实的自我。

有一天晚上放学后，有几个学生来找我，要把现在单人单桌改成两人一桌。我并不同意，现在单人单桌学生们尚不能保持课堂秩序，要是两人坐在一起，那不是更难保证纪律了吗？在我的劝说下，学生们走了，可事情没有结束……

第二天一早，我一进班级就发现桌椅已经按照学生们的想法排列好了。我顿时火冒三丈，要求学生立即将桌椅恢复成原来的样子。课间操时间到了，我发现班级少了十多个学生。一问体育委员，才知道这几个孩子就是昨晚排列桌椅的学生。我怒气冲冲地回到教室，一进屋，看到缺席的学生都在，其中一个女孩子坐在桌子上，双腿来回晃动。我还是很和蔼地说：“快下来，怎么能坐在桌子上？”“怎么了，难不成我还要给你跪下啊？”听到这话，我张口就要大声训斥她，但理智告诉我，这个时候不能冲动，要冷静，先把情况调查清楚再说。于是，我让女孩赶紧下来。她不说话一直盯着我看。“咱们谈谈吧，发生了什么？这么做又是为什么？”

孩子们轮流发言，我静静地听着。学生们的中心思想就是，两人同桌不是为了上课说话，是为了留下一个美好的回忆。昨晚他们还把地面擦拭干净，桌椅摆放整齐。但是我早上没有看到这些，就让他们把桌椅恢复原样，他们觉得很委屈。听完这些，我意识到这就是师生之间沟通不畅造成的，孩子们热爱班级、团结友爱，却被我忽视了。所以，我首先肯定了他们为班级做出的贡献，然后和孩子们沟通，说出了我的担忧，要他们换位思考，摆事实、讲道理、举例子，没有任何训斥的语气，也没有高高在上的姿态，就是以朋友的身份和学生沟通。学生们也都意识到了自己的错误，纷纷表示再也不会这么做了。看到这个情景，我觉得这件事情应该解决了，那我就再添一把火。于是，我说：“这件事情，你们做错了，也知道错了，也知道了以后应该怎么做，很好，但你们的想法老师也可以考虑考虑。这样吧，给老师一中午的时间，下午给你们答复。正好，也快上课了，你们先上课吧，认真听讲。”然后我就离开了教室。

中午午检，我早早地来到了班级，发现大家都在班上安安静静地等着我。看着大家的目光，我先指出了班级目前存在的问题，然后说：“大家愿意排成同桌，想给中专生活留下美好的回忆，这件事情本身没有错，说明大家都是有情怀的人，老师也是一个有情怀的人。经过考虑，老师同意大家的想法。不过，谁与谁同桌，老师说了算，并且，以一周为实验期，如果大家排成同桌，上课乱说话，我就要收回刚才的话，并且严惩上课说话的同学，大家有没有意见？”对此，所有同学都保证自己上课不会乱说话，尊重老师，认真听讲。我说：“好，那今天晚上，你们可以再次收拾班级卫生，排列桌椅。明天，我要看到你们崭新的面貌。”孩子们都高兴地欢呼起来。

那天放学后，我单独留下了那个顶撞我的女同学。开学伊始，我就了解到，这个孩子的父母都在南方，父母又生了个孩子，没有时间和精力照顾独自在北方生活的她，她的情绪可能受到了影响。我让她坐下来，结果还没等我说话，这个孩子就主动向我道歉：“我不应该这样顶撞老师，老师对我的关心我都记得：早上给我送鸡蛋，原谅我的错误。我不该把气撒在老师的身上，以后绝不会再犯同样的错误，希望老师原谅我。”在我的引导下，女孩积极参与班级活动，我对她的工作予以充分肯定，树立她的责任心和荣誉感。一学期过后，她的进步非常大，屡次在专业比赛中获奖。

一位教育学家曾经这样说过：具有能够激发学生去进行自我教育的教育才是真正的教育。真正的教育只有当学生有自我教育的要求时才能实现。因为学生自我主见比较强，有自己的思想，所以才会不听家长和老师的劝告，坚持自己的意见、做自己想做的事。因此，加强学生的自我教育非常重要。班主任在充分信任学生的同时，还要做到：一要引导学生不失自信心，正确评价自我。自信是努力学习、奋发进取的前提。二要帮助学生树立正确的人生观、价值观，从而加强自身思想品德、能力等方面的修养，不断完善自我。

而我通过这次事件，也真正认识到老师要理解学生、尊重学生。尊重是指要尊重学生的人格，师生在人格上是绝对平等的。视野狭窄怎能带领孩子看到远方？不能把老师的身份摆得高高在上，在与学生的沟通过程中要放低姿态，站在学生的角度看问题，身段低了，视野宽了，沟通才能更有效。

教育感悟 通过这件事，我深深地体会到：老师只有用善良、宽厚、真挚、热诚的心包容学生，学生在老师处理问题的过程中才会自我反省、心悦诚服。有时，一个眼神、一句话也许会成就一片天空。

作者简介 祝新，男，1975年10月出生，学士，毕业于吉林大学，高级讲师，从事班主任工作9年。

用心做教育

学校、家庭和社会是一个教育的有机整体，缺一不可，对学生的成长都起着至关重要的作用。身为教育一线的班主任，如何正确引导学生及呼吁家长配合，是工作的重中之重。

记得我第一次当班主任时，先是向他们做了自我介绍，然后告诉他们，希望从此以后，我能够和他们成为朋友。因为学生对我还不熟悉，不能尽快对我敞开心扉，让我了解他们，因此我公布了我的电子信箱和QQ号，欢迎他们和我联系。学生们对我这样的做法感到很新鲜，也很兴奋。

第二天，我的QQ上出现了几十条申请消息，电子信箱也收到不少邮件。学生们在QQ中和电子邮件里对我及班级提出了很多建议和要求。慢慢地，很多学生对我敞开了心扉。随着我与他们的交谈次数增多，我发现很多学生花了大量的时间上网，甚至到了深夜他们还会在QQ中给我留言。通过私下打探，我发现小部分学生放学后不回家，而是到附近网吧打游戏、看电影，在网上聊天，甚至整夜泡在网吧。学校一再严正申明，不允许学生去网吧，但三令五申，仍然有一些漏网之鱼。

对此，我焦虑不已。终于有一天，看完几条深夜留言的我怒气冲冲地走进班级，当众问道："昨天都有谁跑去上网了？半夜还在上网，你们想干什么?!"学生们都不出声了。我观察全班同学的脸色，希望能从中看到破绽。但是我错了，他们的眼神、脸色基本保持一致的木讷。我以为接下来的几天会收到更过分的报复信息，但是我错了，接下来的几天，我得到了格外的宁静。然而学生们见到我不再有那种朋友似的笑容，而是怯怯地小声跟我打个招呼就赶紧溜走了。我感到了我与学生之间的距离正在拉大。终于，经过一个晚上的考虑，我向学生做了解释，检讨了我的冲动行为，希望同学们继续把我当朋友，给我发信息。第二天，我收到了两条留言："希望老师可以消消气，我们真的很喜欢你。去网吧是我们不对，我们以后尽量不去了。"看到孩子们很懂事，我心里感到安慰，也感到温暖。但我接下来收到的一条留言却让我很担忧：“老师，那天深夜的信息是我发的，但我真的没多想。我受到的家教不好，根本不懂得怎样和他人沟通，我不喜欢并很怕我的父母。所以我就去上网，在网络上我能更加自由。”我感到这个孩子有心理问题，我要帮助他。

第二天一早，我就坐在学生宿舍旁边的长椅上等学生们下早操。孩子们看到我，就热情地围过来。我把我的真实感受和几天内的想法都告诉了他们，告诉他们我从前的高中同学是怎样因为上网而耽误了自己的学习，怎样名落孙山。接下来的一个月里，我渐渐地为孩子们培养学习意识，同时让他们培养良好的人生观和价值观。我发现他们之所以经常犯错误，就是因为没有正确的人生观，对未来没有规划。这也许和他们的家庭教育有很大的关系。很多父母以为给子女提供优越的生活条件就足够了，至于教育，就交给学校、交给老师。但我认为学校、家庭和社会是一个教育的有机整体，缺一不可，对学生的成长起着至关重要的作用。良好的社会和家庭环境会对他们的成长有很大的帮助，而一些不良的影响更提醒老师、家长要重视教育。光是靠书本上或是学校里的教育是不够的，老师、家长要重视孩子心理及人生观的变化，并适时帮助他们调整，才会让他们成长为健康、有前途的人。

期中考试以后，学校召开了家长会。我对家长们强调了家庭影响及教育的重要性，并把孩子前一阵上网的事向家长通报，希望他们能够帮助孩子，有策略地教育孩子正确使用现代科技设备。很多家长意识到了家庭教育及社会教育的重要性，答应配合学校，关心孩子的身心成长。

令我惊喜的是，从家长会以后，再没有孩子放学后私自去网吧上网，大多数孩子在上网前会向老师或家长汇报，做到健康上网，正确利用网络。这样，三位一体，家庭、学校和社会携起手来，给了学生正面的教育。

通过这件事，我认识到，为了尽快了解新生，加强与学生的联系，我把自己的电子信箱和QQ号公布出来，这引起了学生与老师接近的兴趣。然而，当发现学生的问题时，我没能正确处理，结果学生对我敬而远之，失去了最初的接近意愿。我在深刻反思之后及时向学生检讨，才重新赢得学生的信任和尊重。学生希望老师能真正成为他们的朋友，能够真正虚心地听取他们的批评意见，并且敢于就此事做自我批评，这是令老师欣慰和感动的。我们只有了解、信任学生，为学生着想，才容易开展工作。同时，家长也要了解子女的情况，重视子女心理变化过程。

这是我担任班主任工作以来碰到的第一个德育问题，我尽力做好班主任工作目标的第一步，为今后德育目标的实现打基础，尽力对学生进行德育教育。利用学生经常接触的媒体开展道德实践，既可以取得效果，又有相对的真实性，而且学生在活动中所花的时间较少，还充分利用了学校、家庭和社会现有条件，保证了教育的全面性。

教育感悟　班主任要重视孩子心理及人生观的变化，并适时帮他们调整，才会让学生更健康地成长。

作者简介　高萌，女，1983年4月出生，硕士，毕业于东北师范大学，讲师，从事班主任工作7年。

特殊的爱

长春市第一中等专业学校2018级平面设计1班是我班主任工作生涯中带的第三个班级。虽然这不是我第一次当班主任，但我心中依然充满忐忑，因为这是一个“二手班”，原班主任张老师与他们共同经历了人生中难忘的军训，很多孩子是第一次离开家乡、离开父母，当军训的苦与思家的愁叠加在一起的时候，很多孩子落下了滚烫的热泪，是张老师用温暖的话语安慰了他们，用暖心的陪伴给了孩子们强有力的支持。在军训过程中，孩子们与张老师建立了感情，开学后因为工作原因，学校安排张老师从事其他工作，将这个“二手班”交给了我。我虽知道这份工作的难度，但依然接下了这个班级。

我还记得那个早晨，迎着39名同学的目光，我走上讲台做了自我介绍：“同学们好，我是你们的班主任郭老师！”话音未落，一个女孩的声音传到我耳中：“我们的班主任不是张老师吗？”我能感觉到孩子话语中对我的抵触与排斥，我注视了这个女孩几秒钟，她用冷冷的目光看着我的脸，我微笑着对她说：“请这名同学做一下自我介绍吧，这是我到班级后第一个和老师互动的同学。”在我信任的目光中，她不情愿地站起来，说出了自己的名字：吴晓。

走出教室，我陷入了思考之中，同学们思念张老师，排斥新老师是人之常情，怎样顺利打开同学们的心扉呢？我决定从吴晓这名同学入手。

一转眼，开学已经半个月了，通过和同学们的交流沟通，我发现部分同学在慢慢接受我这个每日准时出现的新老师，但吴晓依然对我冷若冰霜，相当抵触，在班级内从来没有叫我一声“老师”。2018年9月4日早晨，我接到学生科老师的电话，说寝室老师在检查内务时在吴晓的床上发现了一个空烟盒，虽然没有吴晓直接吸烟的证据，但这个孩子有吸烟的嫌疑。我没有在班级当着全班同学的面询问她，而是把她单独叫到办公室，让她坐下来，给她倒了一杯热水，然后微笑地看着她，等着她自己开口。吴晓手里握着水杯，抬起头激动地说："烟盒是我的，但我没抽烟，你想怎么惩罚我都行，就是别找我家长——我的事情我自己说了算。"等她说完，我轻轻地说："我佩服你的勇气，勇于承担责任可不是任何一个同学都能做到的，你很勇敢！"吴晓似乎不太相信自己的耳朵，抬起头看向我，眼神中带着疑惑："你不批评我？我是一个吸烟的女生！"我拉住她的手，告诉她："学校的管理是严格的，作为学生是必须遵守学校规章制度的。另外，吸烟是不健康的，你已经满十六周岁了，这道理你肯定是明白的。女生如果一直吸烟的话，会严重影响身体健康，危害你未来的生活。……"随着我俩的深入沟通，吴晓告诉我，她要写一份保证书，保证以后远离香烟。

9月13日，我在第三节课时到课堂查课，发现班级少了四个学生，这是开学近一个月以来我第一次发现学生旷课，我马上到教室所在楼层的洗手间寻找，没有发现这四个孩子的身影，我又马上去学校操场另外一侧的仓库寻找，终于在二楼的一个小房间里发现了这四个孩子，其中就有吴晓。这四名同学围坐在一张桌子前在玩游戏，看到班主任突然出现在他们的"秘密据点"，他们格外吃惊，紧张地熄灭手中的烟头。我让他们马上起身，跟我回办公室。

我通过与四名学生谈话得知：几个学生在来我校读书前都有过厌学、逃学的经历。我思考再三，决定和家长进行电话沟通。我最先拨打的就是吴晓妈妈的电话。我在电话中得知，吴晓生活在一个特殊的家庭中，她五岁时父母就离异了，父亲不承担养育她的责任，也从来不对孩子表示关心，父女一直没有来往。这是一个严重缺乏父亲关爱的孩子。吴晓上初中后，母亲再婚了，婚后生育了一个男孩，新的家庭在吴晓的叛逆期没有给予孩子应有的关爱及关注，导致孩子成为问题女生。此刻的我，听着吴晓母亲在电话中的点滴话语，心里五味杂陈，孩子出生、成长在什么样的家庭，她没有选择的权利，她到底经历了什么让她变成现在这个样子？我针对吴晓的家庭情况和性格特点，通过下面两件事拉近我和她之间的距离：第一件事，在学校9月21日召开秋季运动会的时候，我一再鼓励吴晓参加，同时在她奋勇拼搏时，我安排全班同学为她呐喊助威，在她赛后返回班级时，我与同学们共同迎接为班级争得荣誉的吴晓，给她一个大大的拥抱并递上一杯她最喜欢的奶茶。第二件事，我在期中考试成绩公布以后，约谈了吴晓的母亲。当她的母亲来到办公室后，坐在一旁的吴晓一直低着头，她也许在想班主任要“告状”了，但出乎她意料的是，我用了半个小时的时间跟她母亲列举了她的很多优点：英语成绩好，利用课余时间坚持素描练习，担任班级学习委员并带领同学学习，等等。听我说到这儿，吴晓抬起了头，眼睛里多了一丝坚定，她对我说：“老师，我以后一定好好安排晚自习的英语领读内容，争取和同学们一起提高口语水平。”当她说完这句话，我和她妈妈露出了欣慰的笑容。

总之，在我和吴晓相处的这段时间中，我看着这个叛逆的女孩在一点一点成长与改变，我坚信她一定会感受到我付出的真心和爱心。我要给自己足够的信心，也给吴晓足够的信心，因为我相信人心是柔软的、善良的。

教育感悟 学生家庭环境各不相同，性格的形成与原生家庭息息相关，因此，教育学生不能过于教条，需要了解学生的成长背景，善于倾听学生的情感诉求，在教育中耐心当听众，时刻关注学生一点一滴的变化，做好日常班级管理工作，为学生营造温馨的学习环境。

作者简介 郭晓娟，女，1981年2月出生，学士，毕业于长春工业大学，讲师，从事班主任工作4年。

冬

冬梅傲雪
凌寒盛开

花若盛开，蝶儿自来

她，清秀美丽，大大咧咧，正直独立，是班里的生活班长。突然有一天早上，她没有像往常一样在班级忙碌地检查值日，而是趴在桌子上。我走到她身边时才发现，她的衣袖湿透了。我把她带到办公室，让她在我身边坐下，小心翼翼地问："哪里不舒服吗？"她摇摇头，我起身给她冲了一杯豆奶："一定没吃早饭吧，先把豆奶喝了暖暖胃。如果你愿意可以和我说说，把我当成树洞；如果不愿意，我希望你哭过后想一想流这么多眼泪值不值得！"我没有再说话，她突然号啕大哭："我失恋了！我觉得我太失败了，男朋友原本说就喜欢我的大大咧咧，可突然向我提出了分手，爸妈也不管我，我就这么不招人待见吗？"我愣住了，她什么时候恋爱了？我这么粗心，竟然没有发现。我微笑着说："你那么独立、正直、善良，所有的老师、同学都很喜欢你。"听到这话，她哭得更凶了，我默默陪在她身边。后来，她说自己是因为男朋友才离家来到这个城市读书，只想离他近一些，可是她来的这几个月他们只见过两次面，之后他直接向她提出了分手。她想退学，因为自己已经没有留在这里的理由了。于是，我抛给她三个问题：你喜欢所学的形象设计专业吗？你喜欢班级和班里的同学吗？你生命中谁更重要呢？她想了想说："原本我是随便选的专业，可是这几个月来，我越来越喜欢这个专业了。我特别喜欢你、感谢你，也很喜欢同学们，可我觉得我离家来这里的理由没有了。"我又问：你生命中谁更重要呢？她脱口而出："当然是我爸妈，可是他们应该没时间理我吧，我们两周通一次电话，通电话时就我一个人在说，他们好几年都没回来了。"就这样，我和她讲起了自己一个人大学毕业后留在这个陌生的城市，是如何在父母的鼓励和支持下在这里站稳脚跟、成家，并有了稳定的生活。"父母如果不是为了你以后更好地生活，又怎么会走出国门挣钱呢？既然他们在为你付出，你为什么不能多理解、体谅他们一点？"她点点头，对我说爸妈去俄罗斯种地了，特别辛苦，道理她都懂。我继续鼓励她："既然来到了这里，又找到了喜欢的专业，为什么不坚持下去？毕业后找份工作，等爸妈回来时，哪怕是租房子，他们也会觉得女儿在这里给了他们一个家！"她哭够了，擦干眼泪："老师，失恋这事能不和我妈说吗？"我小声告诉她："这是我们的秘密。你也许会难过，但相信我，强大自己，你可以遇到更好的人！花若盛开，蝶儿自来！"

事后，我在网上与她妈妈沟通。她一开口就问我是不是女儿犯错误了，我对她说："你女儿想你了，她其实很理解你们，你们要把对女儿的爱勇敢地表达出来。她专业学习得很好，需要你们的肯定与鼓励。"

后来，她高兴地对我说，妈妈第一次表扬了她，说她学习好，会有出息的。她慢慢地从这个青春期的情感创伤中走了出来，和妈妈的联系也越来越密切。现在，她已经如愿找到了工作，用了四年时间，从小小的美容师助理成长为资深的整形美容咨询师，在自己的职业道路上努力着，有了自己小小的、温暖的家！她的妈妈终于回来了，她牵着妈妈的手来看我，她说："老师，我没丢人，我在这里有工作，妈妈来了不用住宾馆！"

我愿成为树洞，倾听他们的心声；我愿成为桥梁，拉近亲情的距离；我愿与家长、学生携起手来，自信地高呼：花若盛开，蝶儿自来！

教育感悟 多"雨"的季节，早开的花必然是美丽的错误，早熟的苹果注定了苦涩的结局。请用我们的真心去贴近他们的内心，用我们的细心去感受他们的需求，用我们的爱心去填补他们的情感缺失，和他们一起发现并感受身边那一直都在的关爱！

作者简介 于媛，女，1988年7月2日出生，硕士，毕业于东北师范大学，讲师，从事班主任工作8年。

一个西瓜

“又是这名女生，她这么爱出风头吗?”我气急败坏地对她的班主任说。军训还不到一天，这名女同学就已经被学生科的老师和所有班主任认识了。

她叫小悦，瘦高个子，皮肤黑黑的，大大的眼睛，一位十足的漂亮女孩。如果不是她经常违反纪律，一定会成为老师和同学都喜欢的对象。

早上，各排都准时来到训练操场并站好了队形，教官已经开始训练了。这时，小悦气喘吁吁地跑来“报告”，只见她长发披肩，迷彩服袖子卷到胳膊肘，露出纤细的手臂，裤腿卷了起来，本来的长裤变成了八分裤，完全没有按照军训要求着装，真是一名邋遢兵。

在教官、学生科领导和全体班主任的注视下，她的班主任感到有些丢面子，严肃地把她叫到一边，责令她整改着装，并对她进行了一番教导，然后让她归队。看着她归队时毫无歉意的样子，我的心里非常担忧。

训练时，她主动要求站到排头，认真地按照教官的要求训练站姿、踢正步，偶尔还会出个洋相，真是又可气又好笑。

下午，部队领导再次强调了纪律，要求女同学在军训后休息时不可穿短裙、短裤，全体同学不能到生活区和训练区以外的区域活动。

结束了晚训，天刚刚黑，我们学生科的全体老师和班主任们都非常负责地组织学生洗漱。由于条件所限，我们200多名女同学住在部队的一个很大的仓库里，床铺是联排的板子拼接起来的。在查寝的时候，我发现一个床铺空着，一问才知道是小悦同学没有回来，我的心一沉：怎么又是她。我马上到室外卫生间去找，没有见到她。我又组织老师们在仓库的前后和训练区分头寻找，也没有见到她。于是，我们扩大范围，在整个部队大院里寻找。这时，远远地看见一个黑色人影踉踉跄跄地跑过来，我们走进一看，果然是小悦。她满脸兴奋，额头上都是汗，头发依旧散乱，上身穿着的迷彩服没有扣扣子，下身穿了一件时髦的牛仔短裤，怀里还抱着一个大西瓜。她急不可待地说："老师，咱们回去吃西瓜吧。"她完全沉浸在自己的兴奋中，全然没有考虑到老师们的焦急心情。我气不打一处来，严厉地呵斥道："西瓜放一边，不许吃！你先做个反省！！你不知道老师和同学们都为你担心吗?！你不记得军训的纪律要求吗?！为什么违反纪律的总是你?！你想好了做个检讨！"我连续质问她，她却满脸嬉笑地说自己错了，还使劲地点头，装出一副很诚恳的样子，我越发生气。我把她交给班主任进行教育，我那一颗悬着的心总算落了地。

后来，班主任给我介绍了小悦的情况，她是单亲家庭的孩子，和父亲生活在一起，从小缺乏母爱和关心。她像假小子一样登高跳墙，言谈举止完全是自由随性的。她渴望受到关注，更渴望得到表扬和认可，所以经常出风头、爱表现，也经常在不经意间犯错误、被批评。她说那个西瓜是教官给她的，因为她看到教官很辛苦，就把自己的零食给教官送去，教官就回赠了她一个西瓜，让她和老师一起分享。

听了班主任的介绍，我的心情十分沉重，一个可爱的小姑娘，她刚刚16岁，思想还未成熟，本应在妈妈的呵护下顽皮撒娇，本应在一个充满爱的家庭里健康成长。

第二天，我找到小悦，让她把西瓜切开分给老师和同学，她非常高兴，她说能为老师和同学做点事，证明她有存在的价值，以前她总是觉得自己是多余的，是爸爸的累赘。我和小悦谈了好久，像妈妈对自己的女儿一样，教了她很多道理。

后来，我和小悦成了好朋友，她所在的班级就在我的办公室旁边，每次我们在走廊相遇，她都热情地和我打招呼，像孩子一样和我撒娇，有时她会跑到我办公室向我汇报一下近期的学习和生活情况。我经常能够看到扎着马尾的她，撸起袖子挽着裤脚，满脸认真地组织同学们扫除，我感到十分欣慰。

德国著名哲学家雅斯贝尔斯说："真正的教育是用一棵树去摇动另一棵树，用一朵云去推动另一朵云，用一个灵魂去唤醒另一个灵魂。"我认为，教育的动力来源于爱，爱的力量是无穷的。我经常和班主任们说的一句话就是：要像爱自己的孩子一样爱学生，你付出的爱越多，得到的爱也越多。

让行走在职业教育路上的我们，用爱照亮学生的前程！

教育感悟 班主任工作需要爱，更需要耐心和细致。当你走进学生心灵深处，充分了解学生的特点，那么班主任工作就成功了一半。有些学生的家庭状况比较复杂，原生家庭造就了孩子的性格和习惯，也造成了孩子性格上的某些缺失。班主任是学生的第二位母亲，对于学生的成长具有至关重要的作用。故事中的学生是很顽劣的，如果只局限于简单批评教育，往往达不到较好的效果，只有深入学生心灵深处，拨动学生的心弦，才能奏出美妙的音乐。我的成功之处在于走进学生、了解学生、用爱感化学生。

作者简介 毕翠玉，女，1972年6月出生，学士，毕业于吉林工程技术师范学院，高级讲师，从事班主任工作6年。

绽放的苔花

有人说：人的生命就像一株花、一棵树，你也许看过雍容绽放的牡丹，挺拔茂盛的大树，可你是否注意过那白日不照之地的苔花，不毛石缝中的野草。14年的职教生涯，14年的班主任经历，使我深刻感受到：每一个生命都应被尊重，每一个生命都应该获得成长的机会。而我们要做的是在美景佳境中保持警惕，在困境里锤炼品格，助其成长。

2014年8月，我承担了2014级计算机平面设计班的班主任工作。新生开学报到的第一天，我忙着处理各种事情，接待来自不同地区的学生和家长，解答他们提出的各种问题。一直到下午4点多，正当我整理学生名单时，传来一个低沉、沙哑的声音："老师，你好！"我抬头看向门口，那里站着一位四十多岁的妇女，她两鬓的头发因汗水湿湿地贴在脸上，看起来很疲惫。她左手拿着各种票据，右手拉着一只大皮箱。我微笑着走向她，她满脸歉意地对我说："老师，真不好意思，我是小歌的妈妈，家住在外地，来晚了。"当时，我心想这一定又是一位溺爱子女的妈妈，替孩子来办理手续了。我微笑地询问学生的情况："小歌同学呢？就您自己来了吗？"她慌忙摆手说："不是，孩子和她爸爸在后面。老师，"她顿了顿，"这个孩子跟别人不太一样。"正说着，楼梯口传来了上楼的声音，是迟缓而轻重不一的脚步声。随后，一个矮小、瘦弱，走路一高一低的长发女孩迎着晚霞向我走来，她的身后有一位中年男子，双手成围拢状亦步亦趋地护在她的身后。是的，她确实不一样。

她叫小歌，腿部先天畸形，右耳失聪，因声带受到挤压口齿不清，双腿勾曲变形，善良的父母一直为她奔波治病，甚至考虑到她的心理需求，放弃了要二宝的机会。小歌的父亲哽咽着对我说："老师，我们不求她能多优秀，只要她能学点东西，能有点养活自己的本事，等有一天我和她妈走了，她也能活下去……"泪水顺着这个东北汉子黝黑的脸庞流了下来。那一刻，我告诉自己：我要帮帮这个家庭，留下她。

于是从那天起，一个内向、不爱说话、身体残疾的女孩成为平面班的一分子。而也从那天起，我对这个孩子设定了“关爱、锻炼、成长”的目标。我把她的座位安排在第一排，讲课时走到她身边伏低身体让她听得见，中午把饭给她送到班级，和她交流时提高声调。我的种种行为在无形中影响了班级的其他同学，大家都对小歌伸出了关爱之手：上下楼搀扶，帮忙打水，带交作业……渐渐地，我在小歌的脸上看到了笑容，但我知道这是远远不够的，关爱仅仅是助她成长的基石。

由于身体的原因，我发现小歌一直都很自卑，从不主动回答问题、参与活动。因此，我又有意识地引导她了解自我，找到自信。一次期末的联欢活动中，我从她送给同学的贺卡中发现她的手绘技能好；在一次专业课听课中，我发现她设计的字体创意性极强。经过与专业老师的沟通，我决定让她担任班级专业课分组学习的组长。当我告知她这个消息时，小小的女孩下意识瞪圆了眼睛使劲摇头，言语含糊连连说着“不行，不行”，我耐心地对她说：“小歌，你跟别人有什么不同?”她沮丧地低下头，小声说：“我的身体不好。”我大声说：“你说错了，你与别人的最大不同就是，你有一颗玲珑心，你有充满着创意思维的头脑。”她抬起头惊讶地看着我，我把手放在她的肩膀上，语速缓慢地说：“小歌，咱们试一试，老师帮你试一试!”看着我坚定的眼神，她缓缓点了点头。于是，从那天开始，我们从安排小组值日，收作业，布置任务开始，踏上了“锤炼之路”。从最初的小心翼翼、茫然无措，到后来大胆沟通，合作完成项目任务，一年时间，一个内向、自卑的女孩在快速成长。她不再依赖同伴的同情、帮扶，她会在不便上体育课时主动打扫卫生，寝室休息时主动叠被、洗衣，运动会时帮助大家照看衣物……2015年的母亲节，我接到小歌母亲的电话，电话那端是一位母亲欣慰、自豪的哭声，原来小歌用她的专业技能为母亲制作了一张小海报，上面写了一句话：“感谢爸爸妈妈把我带到这个世界，我和别人没有什么不同!”

2016年，小歌和班级的同学们一起参加了实习，考虑到她身体的原因，三个月后，她回到家乡，在亲友的帮助下，开了一家打印店。现在这个叫小歌的倔强女孩凭借自己的技能快乐地生活着。我看得到她扬在脸上的自信，刻进生命里的坚强。

愿一切生命不因外在缺憾而凄凄切切，愿一切生命不因小如苔花而放弃梦想，愿一切生命都敢于在困厄中寻求绽放！

教育感悟 习近平总书记说过，广大教师要做学生锤炼品格的引路人。在育人的工作中，我们老师给予学生的不仅仅是关爱，我们播撒的是一颗颗有坚韧不屈品格的种子。教师细心观察每一个学生，洞察他们的内心世界，引导学生了解自我，感受自我，学会欣赏自我，进而去接受他人。十几年的工作使我懂得，不是每个学生都能成为伟人、英雄、各行的佼佼者，大多数的学生都是普通人，我的工作就是要让这群孩子找到自我的闪光点，挖掘自己的潜力，让他们懂得：成不了大树，我就要成为大地上最坚韧的一棵小草。生命正是要在最困厄的境遇中发现自己，认识自己，从而锤炼自己，使自己的精神境界得到升华。

作者简介 刘伟娜，女，1981年3月出生，学士，毕业于吉林师范大学，高级讲师，从事班主任工作14年。

给她一个舞台，还你一片精彩

孙彤彤获得学校“12·9”演讲比赛一等奖，这个喜讯在班级、学校传开了。同学们替她高兴之余，更多的是惊讶，包括我们班级的任课教师也同样好奇地问我：“这是真的吗？”是的，当然是真的！

孙彤彤是一个非常内向、文静、少言寡语的小女生，每天都是静静地坐在画板前画画，平时说话都是和风细雨的，好像怕别人听到似的。作为一名演讲者，从形象到声音，她各方面的条件真不是很好。当时我在班级布置这项活动时，有四名同学很感兴趣报名了，但是一听说要自己写稿还要熟练地背诵演讲，都退缩了。我和语文老师相中了班里的一名男同学，他从形象到声音到气质都特别适合演讲，但是这个男孩也动摇了，因为怕写稿、怕背稿，最后只有孙彤彤窃窃地说她能参加。我很高兴，在我们班就这样，任何活动或比赛，只要你想参加我都会大力支持。只要你愿意，我会给你展示自己的舞台，最后的名次不重要，重要的是你参与的过程和在过程中获得的成长。

孙彤彤真的特别努力，我布置完任务后，她用两天时间就把初稿完成了，我帮她把演讲稿改了改，她拿回去就开始背诵。初赛时，她是唯一一个脱稿演讲的同学，顺利进入了复赛。初赛后，马校长针对演讲同学的稿件进行了点评和指导，并提出修改意见。她回家后马上按照要求修改演讲稿，第二天我帮她找语文老师又进行了修改。她说：“老师，我知道我能进复赛不是因为我讲得好，只是我的稿子背得熟，所以占了优势。我现在要加强演讲的水平了，您能帮我找语文老师指导一下吗？”当然没问题，遇到这么认真的孩子，我当然大力支持。我找来语文老师教她演讲的技巧，纠正她的错误。她是白城人，地方口音特别重，经过语文老师的纠正后，她就反复练习。当她背得滚瓜烂熟的时候，为了怕她怯场，我就建议她每天早自习、午自习时，在班级表演给同学听，把同学当评委老师、当观众。她的这种精神也感动了班级的同学，同学们都认真听，帮她纠正错误。就这样，她又顺利进入了决赛。根据她在复赛中的不足，她觉得自己还是有点怯场。为了给她壮胆，我带她到其他班级去演讲，让她讲给陌生的同学听，讲给不认识的老师听。就这样，她最后在决赛中获得了一等奖。这是我没有想到的，她自己也没有想到的。“功夫不负有心人”，这句话用来形容孙彤彤真的是太恰当了。从写稿到背稿，从初赛到复赛再到决赛，她总是走在别人前面，她知道珍惜每一次机会。

比赛后我俩聊天，她说感谢我给她的这次机会，这是她第一次参加演讲比赛，在她的人生中第一次在众人面前表现自己。在初中时，学校也有演讲比赛，没有人觉得她能演讲，她没有机会参加，所以她特别珍惜这次机会，就想使出全身的本事，好好表现。如果她表现不好，她觉得对不起我给了她这次机会，对不起同学们天天耐心听她演讲。通过这次活动，她得到了充分锻炼，尝试了以前没有尝试过的事情，也为以后的发展积累了一定的经验，更是迈出了在众人面前表现的第一步。

通过这件事，也让我感到，我们的学生是有潜力可挖的。有些潜力平时没有被发现，大部分孩子是因为不自信，只要努力搭建好平台，通过参加各种丰富多彩的活动，就可以让学生看到自己的闪光点，找到成就感，找回自信。

通过学校丰富多彩的活动，还了结了我的一块心病。开学初选班干部，我也是本着民主的态度，让他们毛遂自荐后，由同学选举，最后定下班委会成员。马帅同学被选为班长，他是一名多才多艺、品学兼优的好学生。他平时对待班干部工作也非常认真，对他在各方面的表现，我还是比较满意的，但是他是那种斯斯文文的好孩子，身上缺少一些霸气，平时在班里一些调皮捣蛋的孩子就不太听他的。但是在班级里也没有更适合当班长的人选了，所以我一直很苦恼——没有一个特别得力的班干部。可是通过学校的一些活动，马帅踊跃参加，脱颖而出：他代表班级在全校升旗中讲话；在学校“12·9”红歌汇演中有幸当上了主持人；在班级大合唱时，他既领诵又领唱；在学校学生会干部竞聘演讲等活动中都表现非常好。马帅的表现征服了同学们。我发现了班级的变化，马帅现在在班级里管纪律或者布置一些事情，同学们非常配合。发现这个变化后，我也及时找马帅谈话，鼓励他再接再厉。

每个孩子的内心都希望有一个自己的舞台，空有满腔热血是不够的，需要你给他一个展示的平台，通过他的努力，他必会还你一片精彩。

教育感悟 每个孩子的潜力都是无限的，给学生一片自由的空间，一个广阔的舞台，他会还你一片精彩。

作者简介 刘秀梅，女，1975年6月出生，硕士，毕业于东北师范大学，高级讲师，从事班主任工作5年。

绽放你的笑容

苏联卓越的无产阶级革命家加里宁曾提出："教师是人类灵魂的工程师。"我热爱教育事业，但我从没有思考过"教师是人类灵魂的工程师"这句话。直到这学期我第一次接手了班主任工作，直到我遇到了班级里的一名同学，我才开始理解这句话的意思。

开学报到的第一天，家长都陪同学生按时来到了班级。我开始给家长们开家长会，指导学生填写入学材料。大家听得很认真，不时地抬头看看我，并用笔仔细地记着。唯有坐在角落里的一名学生，始终低着头，用笔在一张纸上画着什么，所有的材料都是她的父亲在填写。当时我想，这个孩子肯定是被家长宠坏了。带着一丝好奇，我走到她的桌旁，看到一张洁白的纸上是两个身着漂亮的服饰，并留有时尚发型的青春美少女。"画得好美啊！"我不禁赞叹道。她的父亲高兴地笑了，但是这名同学依旧低着头，没有任何回应。她就是晓雨。

接下来便是封闭式军训。军训出发的当天，天空中下着淅淅沥沥的小雨。家长们都给孩子准备好了行李并送孩子上车，看得出，同学们对军训都很期待。而依旧躲在角落里的晓雨独自背着背包，一手拿着脸盆，一手拎着纸袋，头发被雨水打湿贴在额头上，嘴里好似在小声埋怨着什么。我走过去问道："晓雨同学，家长没过来吗？"她摇了摇头，眼中流露着无助与失落。"老师帮你拿些东西吧。"她犹豫了一下，把左手的脸盆递给了我。

军训对于刚刚相识的这些学生来说，不单单是锻炼身体、增强意志力的过程，也是相互沟通、相互了解和建立友谊的过程。同学们一起训练，一起用餐，一起劳动，一起说笑。而唯有晓雨，总是独来独往，不与人交谈，也没有过笑容。每次训练之后，她要么趴在宿舍走廊的窗台上默默远望，要么静静地躺在床上。我不敢轻易打扰她的平静，但内心对她的担忧与日俱增。

军训第四天，像以往一样，同学们用过午餐回到宿舍休息。突然有同学跑来告诉我:“晓雨不见了!”“不见了?”我的大脑瞬间懵了,整颗心也被揪了起来。餐厅、宿舍、院子、洗手间,我与同学们跑遍了每个角落,并将此事及时汇报给学生科老师,学生科老师带着学生也着急地寻找。约半个小时之后,两名同学在一间空空的会议室里发现了她。我悬着的心终于落了下来,但一股怒气又冲了上来。我奔向会议室,我要……但当我再次看到面无表情的晓雨眼中的无助与漠然时,心中一连串的责备瞬间消失,我将手轻轻抚在她的肩上:“晓雨同学,跟我回去吧。”“是啊,快跟我们一起回去吧!”“大家可担心你了!”同学们也都争着说道。晓雨抬头看看我,又看看大家,想说什么却没有说,眼中竟掠过一丝丝暖意,像极了初升的太阳。

晓雨父亲后来告诉我,在晓雨三岁时,他和晓雨妈妈便离婚了,从此再无联系,晓雨妈妈也从没回来看过孩子,他也重新组建了家庭,又生了一个儿子,平日里无暇照顾晓雨,晓雨在年迈的爷爷奶奶身边慢慢长大。原本就内向、乖巧的她,越来越不愿与人交流,性格也越来越孤僻。晓雨父亲的言语中充满悔意,而我的内心也有一种说不出的感受:晓雨的成长过程中缺失了太多的爱,她脆弱的心在承受着什么?心灵深处又有着怎样的渴求?

军训之后,同学们进入系统的文化知识学习。令我惊讶且欣喜的是,晓雨的每一门专业课都很优秀,无论是工艺还是设计。因此,在第一次班会上,我表扬了她,并要求其他同学在专业课上要以她为榜样。同学们真诚地为她鼓掌,晓雨依旧什么都没说,但眼中的无助消失了,她的嘴角轻轻扬了扬,脸上浮出一缕柔柔的笑意。

三周之后的一个中午,晓雨轻轻敲开我办公室的门:“老师……”她的声音怯怯的。“晓雨同学,有什么事吗?”我惊讶、欣喜,这是晓雨第一次跟我说话,虽然我还不知道她找我的原因。“老师,我不想落下学习,可是我……”她的话没有说完,便低头看着自己的脚。她的右脚尖轻轻着地,露着的脚踝微红浮肿。“这是怎么了?”“老师,我不小心在楼梯上扭了一下。”“快去找医生。”“可是老师,我的课怎么办?”她的眼角噙着泪水,不知是因为担心上不了课,还是因为脚的疼痛。晓雨父亲急匆匆赶了过来,打算带着晓雨到医院检查。晓雨并不在意父亲的担忧,一瘸一拐地走出门去,父亲想去搀扶的手也被晓雨避开了。晓雨父亲不好意思地朝我笑了笑。我追上去搀住晓雨,并告诉她,好好养伤,落下的课我会让同学们帮她补上。她点点头，跟着父亲去了医院。

晓雨打了石膏后，在家休养了三周。我不时打电话询问她的病情，同学们也通过班级QQ群及时告诉她老师课上讲的知识和课下留的作业。虽然只能躺在床上，晓雨还是将每项作业认真完成。三周后，晓雨回来了，到班级的那一刻，同学们以热烈的掌声迎接她。“谢谢!”晓雨轻轻向大家说。暖暖的笑容在她的脸上绽放。

我感慨万千，每一位学生，都是一枝即将开放的花朵，她们的绽放，也有着不为人知的艰辛和痛苦。作为教师，我想唯有站在他们身旁，耐心聆听他们的声音，给予他们理解和鼓励，让幸福和自信滋养他们的心灵，相信在不久的将来，他们都能绽放出自己独特的美丽。

教育感悟 作为一名班主任，我倍感责任重大，因为每一个孩子都是家庭的中心、祖国的未来，承载着家人的嘱托、国家的期望。但像晓雨一样，每个孩子又是独特的、唯一的，他们有着不同的花期，我需要有足够的耐心，走进她们的心里，静待花开。

作者简介 闫娟，女，1982年8月出生，硕士，毕业于吉林大学，助理讲师，从事班主任工作1年。

一同成长，共同前行

时间过得飞快，转眼间我已经是一个有三年教龄的“老”教师了。三年期间，我担任了两届学生的班主任——已经送走的2015级数字影像班和刚刚接手的2018级影视动漫班。

我担任班主任期间，平时接触的最多的就是学生，包括自己班级的学生和所带专业课班级的学生。面对学生，我体验到了教师这一职业的魅力，更深刻地理解了“春蚕到死丝方尽，蜡炬成灰泪始干”的含义。

可能因为我是教数字影像的，我对学生有着独特的记忆方式，好像每个学生都有对应的“电子相册”，这本“电子相册”中记录着我们的点点滴滴，既包含了不动的描述性文字，又包含了动态的回忆片段。

现在我就来提取一段珍贵的记忆与大家分享。

我带的2015级数字影像班有这样一名学生，他叫小彬。他高高瘦瘦的，年龄比班上的其他孩子大，不爱说话。刚入学就碰到了难题，由于他的学籍在一所舞蹈学校已经注册，新学校注册不上学籍，导致他已经耽误了好几次入学的机会。他这次本来是想去动漫游戏专业，可是这个专业已经录满，所以只能来数字影像专业。但是没有学籍依然是个很严重的问题，老学籍不退，新学校录不上。得知这个情况后，我主动和他交谈，问明原因并联系家长，又积极联系之前的舞蹈学校，让他们将他的学籍退返。一番沟通后，这才得以让小彬顺利注册学籍，小彬终于成为长春市第一中等专业学校的一名学生。

可能是由于我们年龄相差不多，他看到了我对他的关心，这个沉默寡言的孩子对我打开了心扉。在一次偶然的聊天中，我得知他家就住在学校后面，离得很近，可是在我的印象中并没有这个地方。为了增加对他的了解，放学后，我主动要求陪他一起回家，进行一次家访。小彬起初有些惊讶，然后第一时间拒绝了我。为了打消他的顾虑，我轻松地说：“刚好顺路，我也是为了完成学校的任务，不必担心。”他终于同意了。

一路无话。几分钟后，他神秘的家出现在我的眼前。令我惊讶的是，在两栋楼之间一条狭窄的过道一侧，一排简陋的平房中，第三间就是他的家。他的母亲听说班主任来了，很热情地将我迎了进去。经过沟通，我了解到小彬的老家在山东，全家来长春打工，父亲靠出早市养家糊口，而母亲由于身体原因无法工作。这次家访对小彬和他的母亲来说，感受到了学校和老师对他们的关心。其实对我个人而言，更是有着深深的震撼。我从他家低矮的平房中，了解到这个孩子的沉默的原因，从他母亲身上感受到了贫寒生活中踏实向上的劲头儿，还有“为了让孩子能过得好，再苦再累都不算什么”的朴实无华。

通过这次家访，我更加了解这个沉默的孩子，了解这个沉默孩子身上那种不服输的劲头儿，也更坚定了我帮助他的决心。我既是班主任，又是数字影像专业课的教师，专业课上总有个踏实、认真的身影坐在第一排，认真听着我讲的内容，记着笔记。他认真好学，会经常问我一些专业上的问题，我擅长的，我就给他讲解；我不擅长的，我就查找书籍或上网搜索，然后再为他解答。正是因为他的认真、好学，他的专业学习成绩优异，他的这种好学精神也促使我在专业上有了很大的突破。

为了更好地锻炼他，我鼓励他积极参与班委会成员竞选。他担任团支书期间，工作尽职尽责，踏实肯干，得到了全班同学和团委老师的一致认可和好评。在校期间，他还得到了其他专业老师的赞誉。学校举行大型活动，总有他的身影，摄像、照相、后期编辑样样在行，他变成了我得力的助手，帮我分担了很多工作，他的专业技能也在逐步提升。

他很争气，在专业上踏实肯学，没有辜负父母和我对他的期望。在两年学习生活结束后，他去了北京超星公司实习，且是我班第一个带薪实习的学生。作为教师，我很骄傲，也很欣慰。

教育感悟 三年的教师生活使我受益匪浅，使我懂得教师的职责所在：不单单是“授人以渔”，而更应该是“师者，所以传道授业解惑也”。每个孩子都背负着一个家庭的期望。做教师，就要用心倾听学生，与学生真诚交流，让师生之间多一层朋友的关系。小彬是我职业生涯中带出的第一届学生，我们一同成长，共同前行，教学相长，受益匪浅。路漫漫其修远兮，吾将上下而求索。我以后从教的路会更加漫长，肩负着责任和期望，我将充满信心，奋力前行。

作者简介　孙明昊，男，1990年10月出生，学士，毕业于吉林师范大学，助理讲师，从事班主任工作3年。

陌上花开，可缓缓归矣

我是一名年轻的班主任，在担任中职班主任这三年半的时间里，我自认为处理了许多学生出现的不同状况，可就在最近发生了这样一件事。

事情发生在2017年的11月末，我班的一名孩子连续请病假，我心想一个胃肠感冒也不至于一周不好呀？或者真的很严重？我决定给家长发条信息问问情况。下班后，我接到家长打来的电话，电话的内容大致是孩子不想来上学，家长很着急，孩子最开始真的是胃肠感冒在家休息，可现在变成了不想来上学。我问家长，是不是学校有人欺负他或者学校哪位老师对他不好。家长说都没有。

这个孩子是在单亲家庭长大的，学习成绩在我们班能排到前十名，担任语文课代表一职，在校征文比赛中取得过优异的成绩，平时不爱说话，也不会主动与人交流，没有朋友。

晚上，我和家长约好时间沟通孩子的情况，家长说和孩子说什么都行，就不能说上学，说了就立马翻脸，跟他讲道理他都懂，他也知道自己的行为不对，但是他就是不来上学。我和家长讲了一些在这种情况下和孩子说话应该注意的事项，并约定每天晚上和家长沟通孩子的情况。我听家长说孩子最近因为上学的问题已经焦虑得失眠了，我听后心里更着急。

这个孩子平时在班级不爱讲话，不主动交朋友，我在想孩子是不是自闭，并小心向家长说出了我的猜想。家长说她也这么想，可是孩子以前不是这种性格，爱说话、调皮，和现在反差很大，孩子中学的最后一年也没上学。听到这，我觉得我之前的判断好像有问题，于是我对家长说，希望可以家访，以朋友的身份和他聊聊。可是孩子拒绝了。撂下电话，我想孩子真的是自闭吗？我的解决方法对吗？

我把问题的关键锁定在孩子突然发生转变上，经过了相关咨询，我确定他不是自闭，而是抑郁！

我急忙询问家长孩子突然发生变化的原因，家长仔细讲述着，听完我大致明白了。“孩子个子高大，班上总有一名同学想通过欺负他来证明自己的实力，可我们教育孩子他打你，你不能还手，也不能搭理他，妈妈以后接送你上学。孩子被妈妈保护着接送上下学，有时会被同学笑话。在班上，那个学生还总找他麻烦，孩子就去找班主任解决，班主任觉得麻烦，就让他不要来上学了。孩子很生气、很委屈，可我回家暴打了孩子一顿。孩子从此再也不想去学校了。孩子平时执拗，平时上专业课他按照自己的想法操作，老师没赞同他，还说他的方法烦琐、不规范，让孩子只能按照老师教的做，孩子敏感，他就觉得老师不喜欢他了。学校和班内有小部分孩子穿衣、打扮、说话社会化，他看不惯，很抵触这种行为。还有就是咱家孩子语文非常好，可是数学和英语成绩不理想，他在这方面自卑，而除了数学和英语，在语文和专业课上都很优秀，甚至老师还没讲的知识点他都会，所以他觉得来学校没意思。”找到了孩子发生转变的原因，问题就好解决了。既然孩子不想见我，那我就给他发信息，他回不回话没关系，只要他能看到我发的内容就行。

打那之后，我每天都会在同一时间段里给他发信息，发一些开导他、鼓励他的话，还告诉他班级里发生的有意思的事情。孩子没有回过信息，但是，家长说孩子都看了，很欣慰，很感激老师，但是不敢面对老师，面对同学。期末考试快到了，他不敢面对期末考试。

我不能放弃！我向各科老师要了考试的复习内容，还是每天给他发信息，劝他来学校。同时，把复习资料以照片形式发过去，直到考试前的最后一个星期五，我给孩子发信息说：“下周一、周二就期末考试了，如果你没有出现，老师就知道是什么意思了。”但是我跟家长说，如果孩子真的不能参加考试，我去学校给孩子争取缓考的机会，但是你先别告诉孩子，我们再赌一次。周一，我早早来到班级，等着第一科考试的时间缓缓到来。发完最后一张卷子，正好八点，孩子的座位还是空着，我走过去把桌面的卷子整理好，突然听到一阵敲门声，我抬起头，看到了熟悉、高大的身影。

通过这次事件，我知道做班主任要更加细心，对学生要充满爱，要帮助他们前进，在他们步入困境或者误入歧途时，应不忘初心，等待他们。就如同吴越王对夫人回家的期盼一样“陌上花开，可缓缓归矣”。

教育感悟 如今，学生的心理问题是班主任工作的一大难点，学生在最开始有心理问题时不易被发现，所以要求班主任时时刻刻关注学生动向，掌握每一名孩子的近况，为每一名孩子的成长保驾护航！

作者简介 杨惠雯，女，1990年2月出生，学士，毕业于长春师范大学，助理讲师，从事班主任工作4年。

让阳光照亮心灵

我担任老师有几年时间了，在教育教学中遇到过各种各样的学生，使用过各种各样的教育方法，对教育也有自己的体会。我在实践中深深地感到：最有效的教育，必须融进真心，对自己的学生要充满爱心、包容之心。

我2015年接手新班的时候，就觉得李同学是个与众不同的学生，别人都很快找到伙伴，开开心心的，只有他，每天眉头紧锁，一声不吭。和他交流很累，让人觉得压抑，似乎老师欠了他什么似的。跟他谈话，不管你说什么，他就是一言不发。总之，我感觉他怪怪的。

开学没多久，这位同学帮别的同学保管一件贵重饰品，却给弄丢了，丢东西的王同学来找我，他大致给我讲了一下是怎么回事，但我觉得我需要听李同学讲一下事情经过，就把李同学叫到了我办公室。但是，无论我怎么问他，他就是不说是怎么一回事。我实在没办法，就说要找李同学的家长谈一下，李同学急了，说："老师，我给他弄丢了，我赔偿，别找我家长。"我再问原因，他就不发言了。我问什么他都不回答。无奈之余，我就把他带到了学生科，毕科长跟他谈了话。谈话后，他好像意识到了事情的严重性，跟我说，那个饰品确实不是他拿的，是体育课上因为王同学要打篮球，把这个饰品给他保管，结果他就随便放到了校服兜里，并把校服放到了操场上，等想起来去找的时候，已经找不到校服了。我问他为什么当时不对我说清楚，他说怕我不相信他，也不想让家长知道。经了解，我才知道他现在寄住在他的老姨家，由老姨供他上学。他的母亲是精神病人，父亲本来身体就不好，还需要照顾母亲。这件事最后是学生科处理的，并通知了他老姨。我现在觉得这件事我没有处理好。

自从了解他的情况后，我就对他特别上心，但他不太爱跟我说话。为了让他融入集体，我找了两个热心、活泼、外向的男生，让他们打篮球的时候叫李同学一起去。一段时间后，他爱上了打篮球，虽然不能跟同学们打成一片，但是也有了两个好朋友。

我本来以为一切都还挺好的，但是有一天，我从一楼大厅经过的时候，发现他没上课，急匆匆地往校外走去，我赶快跑上去叫住他，问他干什么去，他含着泪跟我说想请假回家，我问他为什么，他又一言不发了。我是个急性子，但想到他的性格，我耐心地叫他跟我去操场走走，他不情愿地跟我走了。我找到一个安静没人的角落，坐在地上，叫他也坐下来。

这个时候，我就在想，这个时期的男生流泪了，不是跟同学打架了，就是感情问题，看他性格孤僻，不像谈恋爱了啊。我就试探着问，是不是跟同学吵架了？他就摇头。我又问，是不是学习压力大了？他还是摇头。我真想不通这是为什么。我试探地问："你恋爱了？"这个时候他突然就哭了起来，我觉得他是卸下了防备，就不再问他问题了。其实我知道他不想说，我问了也没用。然后，我就开始给他讲我大学时候的恋爱故事，当然，为了开导他，我也需要修改一下我的经历来帮助他。我自言自语了好久，也不知道他听了没有，我停顿了一会，他闷声问我："老师，那你们最后怎么样了？"我心里突然高兴起来——他终于说话了。我说："没有结果。但是我现在觉得，那是一种美好的经历。"我跟他聊了很长时间，我想让他知道，他现在有更重要的事要做，就是学习，成为一个优秀的人自然就有很多人喜欢。最后他主动跟我说，他不是谈恋爱了，就是喜欢一个女生，但是那个女生对他比较反感。自从这件事后，他真的改变了很多，慢慢地，他愿意跟我讲话了，也愿意和我谈心，他跟我讲了很多有关他的事：他母亲的病，他脖子上的伤疤是怎么来的，等等。

现在的他在班级与同学们的关系比较融洽，性格也比较开朗了，在我上课提问题时，如果没有人给我回应，他一定会举手；我要求他做的事，他也很乐意去做。

想想李同学的这些变化，我感慨颇多：是啊，当初如果我没有跟他谈心，而是批评他，会有今天这样的李同学吗？心灵的沟通是师生交流最美的方式。每一个学生都是一个世界，要想成为每一个学生的朋友，要想得到每一个学生的信任，需要付出很多的心血。俄罗斯有句谚语：聪明的孩子人人喜欢，而爱难看的孩子才是真爱。一个教师真诚地热爱每一位学生，平等地对待每一位学生，是必备的职业品质，也是学生健康发展的心灵养料。

教育感悟 教育是一门学问，也是一门艺术。教育有法，又无定法。但不管怎样，必须在教育中融进爱、真诚、包容等，才能彰显教育的魅力。

作者简介 单丽洁，女，1986年10月出生，学士，毕业于东北师范大学，讲师，从事班主任工作5年。

教学楼墙上的“涂鸦”

我很荣幸，因为我从事的是太阳底下最光辉的职业。更幸运的是，这几年一直担任班主任的工作。在我的班主任生涯中，有辛酸，有喜悦，有成功，有失败，有诸多说不完的故事。在这些故事中，有一个故事我一直难以忘记。

我带第一届学生的时候接的是“二手班”，刚接手时小彤同学就已经是濒临退学的“重点分子”。当时，她的行为习惯特别不好，迟到、旷课、早退，平均一周在校时间不足两天；抽烟、说脏话、欺负同学、顶撞老师；等等。她在整个班级造成的影响极坏，这对刚担任班主任工作的我来说简直就是一场噩梦。一次，在立体构成课上，需要准备一些彩喷的材料，我看到小彤备齐了学习用具，我还挺欣慰的。可还没等到放学，我就接到了领导的电话，说学校的教学楼墙壁上被大面积地涂鸦。全校只有我们班上课会用到彩喷的工具，所以领导第一个找到了我。我去了一看，明晃晃的三个英文字母写在墙上，不正是她的名字的拼音缩写吗？我又气又急，这孩子怎么就这么捣蛋呢？但理智告诉我，不能只批评教育，应该试试鼓励。我收回了愤怒的表情，找到她，耐心地对她说：“老师很意外，你会画得这么好看。喜欢涂鸦对于专业学习是很有帮助的，老师也一直想学呢！但是涂鸦需要找到合适的位置，要不然，原本美好的画面就会成为破坏环境的污点，明天你先把这涂鸦清洗掉，以后找个时间咱俩一起画……”说这些话的时候，我其实挺忐忑的，可第二天一早她就带着清洗工具和油漆将涂鸦遮盖了，看来这孩子不是顽固不化。从那时起，只要是她来学校的日子，我都会细心地观察她，努力寻找她身上的闪光点。我发现她的手绘能力特别强，同时对于小动物很有爱心，她并不是没有可爱的地方。我悄悄地跟专业老师沟通，让老师在专业方面多表扬、鼓励她，我有时候也会和她聊“小动物”的话题，和她“套近乎”。

一切似乎风平浪静，直到有一天，她和班里的一个女孩子因为一点口角动起手来，双方都受了轻伤。我觉得一切付出都成了泡影，自己一下子变得非常渺小，之前的努力都是徒劳，我甚至怀疑当初没让她退学是不是我错了。

她的家长来了，是她的妈妈和姐姐，原来她的爸爸在她很小的时候就因病去世了，她的母亲做生意，常年在外奔波。家长和学生科沟通完，小彤的姐姐找到了我，我以为她会埋怨我没有照顾好小彤，没想到她却说："徐老师，你知道吗，小彤总跟我提起你，我从没见她这样喜欢过哪个老师，她以前总是迟到，现在每天早上都会叫我起床送她上学……"这时，我才想起她已经很少迟到了，从以前每周不足两天的在校时间，到现在每周偶尔一次迟到，其实她已经改变了很多。我的努力并不是徒劳。

教育学生是一个循序渐进的过程，只要用心付出，就一定会有所收获。之后的日子里，尽管问题仍然不断，比如那次偶然在她手臂上发现的文身，比如从始至终她都没有交过数学作业，比如……尽管学校的教学楼墙上现在还残留着她当年遮盖涂鸦的油漆，但欣慰的是，她并没有退学或被开除，她顺利地毕业了，没有从事专业工作的她找到了她感兴趣的工作。据说她现在在行业内已经小有名气了。我很庆幸，我当初对她付出的耐心已经让她重拾了信心，一段正向、积极的生命历程由此展开。

而我又开始了新一轮的班主任工作。三届班主任工作经历，能讲出的故事真不少。在我眼里，每一个学生都是一朵含苞待放的花蕾，作为班主任，我们有责任让他们都绚丽地绽放，老师对每一个孩子都应多一些关爱，多一分呵护。时时提醒自己每个孩子都有他最可爱的一面，每个孩子都是鲜活、灵动的个体，有着各自独特的性格。一把钥匙开一把锁，作为一名班主任，必须热爱每一个学生，尊重每一个学生，理解每一个学生。只有这样，教师才会变得眼明心亮，才会成为学生喜欢的好老师。

我始终坚信"一分耕耘，一分收获"，在以后的工作中，我会继续努力，不断向新的目标迈进。

春花遍地，甘做园丁勤浇灌，雪岭摩手，领马志士苦登攀。让我们一切为了学生，无悔奉献自己的青春吧！

教育感悟 每一名学生都是一朵含苞待放的花蕾，都是一个鲜活、灵动的个体，都有他最可爱的一面。作为班主任，我们必须细心浇灌，用心呵护每一朵小花。我们有责任让他们都绚丽绽放。

作者简介 徐莹，女，1987年10月出生，学士，毕业于鲁迅美术学院，讲师，从事班主任工作6年。

“倔驴”变了

每个班主任在工作中，都会遇到不少特别的学生，对他们付出更多的关爱。

一、初识“倔驴”

2014年秋季，我担任2014级美术绘画班班主任的第一天，充满自信地向教室走去，可老远就听见“你们别打了，老师快来了！”等嘈杂的声音传出。我三步并作两步冲进教室，只见两个男生扭打在一起，其他同学见到我则快速回到座位。而我发出的“你们不要打了”的声音似乎没有任何作用，直到我用力将他们分开，其中一位还向对方恶狠狠地叫嚷着：“你给老子等着！”我压住火气，请他们回到座位上。“不，他不把椅子擦干净，我就不坐！”我边将手中的一张旧报纸放到椅子上，示意其坐下，边明确表示先上课，课下了解情况后再做处理。但这孩子昂着头一副不屑的样子。我心一紧，还是新生就这么不怕人，这么倔，以后怎么办？旁边有学生小声地嘀咕了一句：“马上户口了。”我知道自己遇上了“倔驴”，我开始上课。20多分钟过去了，他仍站在那。当我根据教学内容提出相关问题，请大家思考后回答时，举手的同学很多。他手也不举，张口就将答案说出且非常正确，我忙抓住契机，微笑着说：“回答得非常正确，很好！只是何同学太想让大家与他一起分享而忘举手了，请坐。”只见他脸一红，条件反射似的坐下了。我知道，椅子风波好解决了。

但令我头疼的是在开学的一周中，他就与同学发生了4次冲突，且认为自己没错。后来我还发现他在行为习惯方面的诸多问题，如上衣敞开不扣扣子；做课间操不能准时到场，动作懒散，要么干脆请假不去；上课听讲不记笔记，乱接话或与周围的同学讲话；不愿意写作业，常不交作业；小组值日时，要么出工不出力，要么干脆逃跑；平时不讲卫生，随地吐痰，乱扔纸屑；随便拿周围同学的文具，惹得大家天天来告状……陆续地，各任课教师也纷纷来反映他的问题。若不把他管理好，这个班就难管了。如何对这种学生进行教育管理呢？突破口在什么地方？

二、摸透“倔驴”

对于多种问题集于一身的学生，短期内想让他完全转变是不现实和不可能的。过于急躁，只能适得其反。俗话说，知己知彼，方能百战百胜。只有摸透“驴脾气”，才能有的放矢。于是，我走访了他的部分小学和初中同学(有部分就在我班上)。大家普遍反映他人心眼不坏，体育成绩好，就是脾气坏，谁惹他，他就和谁拼命。我通过走访小学时教他的老师了解到：这孩子相当聪明，成绩还不错，但玩心大，爱打游戏，心眼有些小，行为习惯方面毛病不少，属“顺毛驴”类型的。通过家访，我知道他是家中独子，母亲没工作，长期在老家帮人做活；父亲是普通工人，平时也不大管他，好喝两口酒，一发脾气就随手打人，但对孩子的期望很高，认为棍棒底下才能出孝子。通过与各任课教师的沟通以及对他课上、课下、校内外行为的细心观察，加上多次与他谈心，我对他有了较全面的认识，为实施“转化”打下了良好的基础，并在此基础上定了初步的个体教育计划——寻找闪光点，调动积极因素，纠行为、磨脾气、舒胸怀。

三、转化“倔驴”

从教育心理学的角度看，教育过程是教育者与受教育者“心理需要”“心理交流”的过程。教师与学生情感上的沟通是有效管理的基础，有了情感基础才能谈得上理性上的教育，学生才会“亲其师，信其道”。

因此，我抓住“情感”，由此而入，把握好求真、向善，忌压心，多疏导的原则实施教育。如有天中午我上街办事遇见他，他说去买笔。两天后的下午，他上学迟到。我经调查发现，其父母回老家，留给他三天的生活费，他把饭钱省下来，中午去网吧打游戏。而其父母又因故要晚回一天，他已没钱吃饭了。我找他来，阐明利害关系，又借给他10元作生活费。他说：“你不怕我又去？”我说：“你是个懂道理的孩子，我相信你！”从此以后，他较能接受我对他的教育了。

“椅子风波”后，我根据了解到的事实，先做好另一位学生的工作，接着以课后帮老师送教案为由，请他到办公室交流，表达我对他的看法：看得出你是个讲道理的人，双方起冲突一定有原因。我先让他说对此事的看法，并允许他申辩。开始时，他一副受冤枉的样子，理由十足，认定自己没错；接着，我将了解到的事实摆出，他就不能自圆其说了，语气也软了许多，可嘴上还不承认。我说：“你能谈出自己的想法，这很好！但我们对这件事的认识有分歧，不能达成共识。这样吧，我给你留个作业，请你思考后做出答案，可以是书面的，也可以是口头的。第一，假如你是老师，你认为此事如何处理合适？第二，假如你是那位被打的同学，你如何想？第三，假如你是被打学生的家长，你怎么办？第四，假如你是旁观者，你如何看这件事？第五，你认为解决问题的方法有哪些？最佳的途径是什么？等明天你有答案了，我们再讨论。”之后，经过我们多次深入交谈，他终于能正确认识自己的错误，并在班会上向同学道歉，大家也对他给予掌声鼓励，我马上给予表扬：勇于面对错误，像个男子汉！我们相信两位同学会越来越好。可没出半个月，他因一句玩笑话又和同学打架了。我这样对他说：“法国作家雨果说过，世界上最广阔的是海洋，比海洋更广阔的是天空，比天空更广阔的是人的胸怀。宽广的胸怀能包容一切，男子汉应以宽大为怀，切勿在小事上与人斤斤计较，要有以德报怨的雅量。别人会因你的宽容而感到快乐，而你自己也会因此而愉快和幸福。……”我就这样不厌其烦地，不断地做他的教育工作，他由第一学期打架13次到第二学期打架6次，第三学期打架2次，第四学期打架0次。

第一学期期中考试后的几天，我发现他走路时一瘸一拐的，也没平时活跃了。我问他是不是踢球时摔了、碰了，他带着倔强的眼神，恨恨地说：“就会打，让他打死我算了！我不学了。”我后来了解到是其父因儿子期中考试成绩不理想打他了。一方面，我找他谈，帮他分析没考好的原因，指出是他平时的学习习惯不好而导致他成绩不好，并予以指导，提出学习要求——进入班上前三名。同时，我就如何看待家长的教育进行了分析。另一方面，我找到他的家长，谈孩子的闪光点及发展潜力，并针对初中学生的心理特点与其父共同探讨教育孩子的方式方法等，使父子关系有了改变。到第二学期他的成绩排在了年级的第三名。后来，他因为骄傲，放松了对自己的要求，过多地玩游戏，对老师的教育也不太当回事，但我还是坚持采用不同的形式多次做他的工作。第三学期，他落到班上20多名。在对考试的总结中，他说了“这次成功并不等于下次成功，这次失败并不等于下次失败”的话，我把它作为“凡人凡言”写成大条幅，贴在教室的墙上，对他触动很大。第四学期，他的期中考试成绩上升到年级第11名，并获“学习进步奖”。

另外，我注意发挥每学期“成绩通知书”后评语的作用，也对他起到了一定的教育作用。

第一学期为：你在学习上善于想象，敢于创新，课堂上有时能听到你富有创造性的发言。但你爱接话的毛病可得改一改呀！同学相处，注意真诚和宽容。

第三学期为：你在课堂上爱接话的毛病改了不少！与同学相处也融洽了，这很好！但有时管不住自己，免不了受到老师和同学的责怪，这多可惜呀！若你在学习上多加些动力，增强学习的自主性，把字写得漂亮些，你会更棒的！我们大家期待着！

现在，老师、同学、家长都说，何同学的脾气好多了，坏毛病少了，变得懂事了。但我深知教育的工作并没有完结，还应持之以恒，我会继续抓好日常行为的养成教育，帮助他树立正确的人生观、世界观和价值观。

教育感悟

第一，在班级管理中，对特殊学生的个别教育要注意因材施教，对症下药。

第二，在对学生的教育中，要尊重学生的人格，要以平等、公正之心待之，并给予关爱和耐心。

第三，在对学生教育的过程中，各学科教师要齐心协力，联合家长综合治理很关键，团结才是力量。

第四，孩子的成长是波浪式的，有起有伏。当出现问题时，决不能轻易放弃。

第五，实施教育，要抓住“情感”钥匙，以心交心，以情唤情，动情明理。

作者简介 曹璐，女，1981年12月出生，学士，毕业于北华大学，讲师，从事班主任工作12年。

女孩儿的心思可以猜

我刚把2014届的孩子们送走，就迎来了新一届的学生。他们入学的第一项任务就是军训。每次接收新生后，我都会通过军训来观察、了解学生，以帮助我在今后的班级管理中做好准备。我会观察新生的生活习惯、行为习惯和学习习惯，通过现象分析学生的性格、能力和责任心等，并以此为依据选出我认为可以当班级干部的人选，也确定出需要我多加关注的学生。

站军姿非常考验学生的自律能力和毅力。经常搞小动作、不认真的学生，往往就是自律能力差、没有集体意识，而且缺乏毅力的人。在军训中，就有这样一个学生，她引起了我的注意。每当她出现“小动作”时，教官就会让她站到队伍外面，以示惩罚。但是，她反以为荣。还会趁教官不注意的时候，故意逗其他同学，这让教官很头疼。

这个学生就是李同学，我查了她的入学档案，她是上一届留下来的学生，学校里各科老师对她的印象都不好。于是，我抽空就找她谈话，问她对学校、军训、教官、老师、同学的看法。起初，她以沉默的方式回应我，后来，在我不断的苦口婆心的劝说下，她终于表示可以配合。通过一段时间的观察，我发现她的一些不良行为确实有所改善。

军训结束，便迎来了新的学期。新学期刚开始不长时间，我便收到了多位老师对同一个学生的投诉：上课讲话、不遵守课堂纪律等。根据几个老师的描述，我知道，那个女生就是她！于是，我又找李同学谈话，希望她能够尊重任课老师，热爱班集体，最重要的是遵守课堂纪律。这一次，她还是答应配合我，我也相信她，并鼓励她试着改掉不良的行为习惯。但令我失望的是，她不但在课堂上依旧不守规矩，而且还和其他同学起了冲突！当我找到她的时候，她告诉我，那位同学说她没家教，还用言语侮辱了她的母亲，这是她接受不了的！在这样的情况下，我意识到有必要找她家长过来谈谈了。在找家长联系方式的过程中，我才发现，她生活在单亲家庭，她的档案里只有母亲的联系方式。我就给她的母亲打了电话，没想到一直打不通。三天之后，我联系到她的母亲，原来她的母亲正在医院住院！我在电话中简单向家长说明了李同学入学以来的表现。第二天，她的母亲带病来到了学校，见到女儿便控制不住地失声痛哭："我容易吗?！我送你上学的时候，你是怎么答应我的?！"面对母亲的责问，李同学低头无语，默默流泪。原来李同学像很多单亲家庭的孩子一样，父母离异，跟母亲生活在一起。也是因为这个原因，她内心自卑，导致她在学校的一些行为受到老师的指责，经常被同学排挤。她的母亲以为转学就可以解决问题，没想到转学并没有起到任何作用。了解到这些情况后，我安抚了李同学的母亲，并向她承诺，自己会尽最大的努力去帮助孩子。

后来我发现，李同学还是比较有集体精神的。我利用这一点，让她在班级的各种活动中当领头雁：学校要开运动会了，我让她组织大家练习、组织比赛项目；在筹备"12・9"红歌汇演的过程中，她主动要求领唱，从选歌到比赛她都很积极，还利用休息时间帮大家挑选比赛服装。通过这些事情，班级里的同学对她也有了新的认识，对她的评价也有所改变。

教育是一种神圣的职业，我们需要以"爱"为源动力，用心观察学生在生活中的每一个细节，细致入微地去关心、爱护每一个孩子，用心去享受这份工作带给我们的快乐。我们在工作中遇到问题时，要选择正确的方式，有效地解决问题，及时总结、丰富自己的工作经验，提高对自身的业务要求。

教育感悟 每一个问题学生的背后都关联着家庭、社会、教育的方方面面，通过现象看本质，找到学生问题的根源所在，结合家长、老师、学校的共同力量去正确地解决问题，才能让学生更好地成长。

作者简介 崔晨晨，女，1985年5月出生，学士，毕业于吉林体育学院，讲师，从事班主任工作10年。

每一位老师都是圣人

古代圣贤中，大家耳熟能详的有孔子、孟子和老子，他们当时所从事的是教育工作，也就是我们今天所说的“教师”。但是说到“每一位老师都是圣人”，也许有人会嗤之以鼻：老师怎么能跟圣人相提并论呢？各位请听我娓娓道来，俗话说，火车跑得快，全凭车头带。班主任可以说就是一个班集体的“车头”，整个班级的精神面貌都是在班主任的带领下展现出来的。因此，可以看出班主任在班级工作中的重要性。班主任永远是那个在班级话最多、出现频率最高、操心最多的人。

凭借着“初生牛犊不怕虎”的精神，我准备迎接工作对我的洗礼。虽然我早已做好了心理准备，但现实很快给我泼了一盆冷水。在实际的工作中，我因为缺乏工作经验，工作方法不系统，所以问题频出。我所带的班级里全是女孩子，正所谓“三个女人一台戏”，一群女孩儿在一起那有多热闹，自然可想而知！今天这个同学违纪了，明天那两个女同学发生矛盾了……每天都会出现新的问题。工作时间久了，我感到有些失落，我问自己：为什么会这样？是自己的能力问题，还是方法问题？难道我不适合做“班主任”吗？……职业挫败感一直困扰着我，我该怎么办？就这样认输？当然不行！我要变被动为主动，改变方法。俗话说，知己知彼，百战不殆。我一定要振作起来！

针对工作中出现的问题，我做了如下总结：女孩子们正处在青春期，时而叛逆、时而调皮，还没有褪去孩子的稚气；她们的入学成绩普遍不高，他们中的有些人对学习并不重视，对老师和家长的批评早已习以为常。我查找了相关的专业书籍，针对孩子们的情况，开始思考解决办法——榜样的力量！我想，在班级的女孩中培养一个“榜样”，也许这个榜样就会给她身边的同学带来积极向上的影响。经过一段时间的观察，我把焦点放在了小婷的身上。她是一个懂事、听话的孩子，经常主动打扫班级的卫生，在很多时候都是默默无闻的。于是，每当她默默为班级做事的时候，我便会在全班同学面前表扬她。小婷的学习成绩一般，但是语文成绩较好，我就经常在全班同学面前表扬她的长处，鼓励她继续努力。渐渐地，“榜样”起作用了，大家开始注意自己的行为举止，希望获得老师的“青睐”。我还记得，腼腆的小婷第一次任职“值周班长”时的情形。值周班长需要在上课铃声响起后喊出“上课”的口号，但是害羞的她当时脸红得像一只大苹果，她怎么也喊不出来。这个时候，我作为班主任及时给予她鼓励。我悄悄地告诉她：“你要相信自己是可以做到的，尝试着去锻炼自己、提升自己。我们相信你一定可以的！”经过一段时间的锻炼，小婷变了，不再是从前那个害羞、腼腆的小女孩，而成为一个成熟稳重、时刻以班长的标准严格要求自己的女孩。她不仅改变了自己，而且影响了她身边的同学。令人惊喜的是，她的学习成绩也突飞猛进，后来，她还在运动会中取得了好成绩，最终被全班同学一致推选为班长。

俗话说，好孩子是被夸出来的！小婷的蜕变就是最好的证明。作为老师，我们应该积极地去发掘孩子天使、可爱的一面，并且把她们的闪光点无限放大，这样，更多的孩子才会蜕变成可爱的天使。同时，学生们的改变也激励着我。是的，我们都会犯错，可是，这才是成长啊！

渐渐地，我做起工作来也如“拨开云雾”一般——工作内容、工作方法逐渐清晰了。这要感谢帮助过我的前辈、同事和朋友，还要感谢我可爱的孩子们——因为她们，我才可以得到锻炼，跟她们一起“蜕变”！至此，我才领悟到“教师是人类灵魂的工程师”这句话的真正含义。老师的一言一行、一颦一笑真的会影响学生的一生。为什么说“每一位老师都是圣人”，因为老师可以呵护学生的心灵，增强学生的勇气，向学生传递温暖的鼓励，指引他们成为一个个更好的自己。

教育感悟 我们做教师的，应全方位、多角度地看待学生身上的问题，也许才会对事情有一个全面、客观、公正的评价，才能更好地引导学生成长。

作者简介 崔晨晨，女，1985年5月出生，学士，毕业于吉林体育学院，讲师，从事班主任工作10年。